Universale Economica Feltrinelli

ADAM SOBOCZYNSKI

L'ARTE DI NON DIRE LA VERITÀ

Traduzione di Stefano Zangrando

Feltrinelli

Titolo dell'opera originale
DIE SCHONENDE ABWEHR
VERLIEBTER FRAUEN ODER
DIE KUNST DER VERSTELLUNG

Traduzione dal tedesco di
STEFANO ZANGRANDO

Prima edizione in "Varia" marzo 2010
Prima edizione nell'"Universale Economica" aprile 2012

Stampa Nuovo Istituto Italiano d'Arti Grafiche - BG

ISBN 978-88-07-72332-2

E l'arte compia ciò che la natura ha iniziato.
BALTASAR GRACIÁN

Preambolo

Stimata lettrice, stimato lettore, questo libro contiene trentatré storie che gravitano intorno a come ci si debba condurre abilmente in un mondo nel quale si tendono trappole e si tessono intrighi. L'arte della dissimulazione, che vanta una tradizione di secoli, è tornata in voga.

Le storie sono narrate come sono accadute veramente o quasi, soltanto i nomi delle persone sono stati modificati; non le loro caratteristiche, né i loro mestieri o i luoghi dell'azione.

1.
Come respingere delicatamente una donna innamorata

Un fatto spiacevole: qualcuno è innamorato di un'altra persona, ma non è ricambiato. Cortesia impone, in questo caso, di procedere con delicatezza.

Supponiamo che siate un uomo. Vi trovate a un party, si festeggia il compleanno di una vecchia amica, e verso l'una di notte fate la conoscenza di una donna. Voi state con un'altra, la donna però non lo sa. Non le svelate nemmeno che state con qualcuno che quella sera è bloccato da un leggero raffreddore. Tacete quest'informazione per due motivi: da un lato equivarrebbe a un affronto. Nominando en passant la vostra compagna, dareste a intendere in maniera grossolana di esservi accorti che la donna di questa sera manifesta interesse per voi. Dall'altro tacete la vostra relazione poiché l'incontro non è privo di un'incipiente tensione nervosa, e l'idea di godervela, almeno per le poche ore della festa, vi intriga.

Parlate della vita professionale, del difficile rapporto con i superiori, di viaggi già fatti e da fare (Roma, la Finlandia in autunno!), discutete se cucinare sia un'attività piacevole o una seccatura, e dopo il terzo calice di vino, che scioglie del tutto le lingue, scivolate con la donna di questa sera in un umore frizzante e disinibito. Squadrate gli altri ospiti e sparlate di loro, lanciate osservazioni sprezzanti su una donna in là con gli anni e disperatamente di buonumore.

Sparlare è indice di confidenza. Chi sparla comunica apertamente i propri pensieri più bassi e spera persino che siano apprezzati. Questa sera lo sono: ridete insieme. All'improvviso si è fatto tardi, da qualche parte cade a terra una bottiglia di birra, quattro donne alticce ballano esaltate al ritmo di una canzonetta kitsch degli anni ottanta. Restate in disparte, in una nicchia poco frequentata, ormai a un passo da un contatto sconsiderato con la vostra interlocutrice, dall'accenno di un bacio. È assolutamente ora di andare! Dopo il quarto calice di vino, che cela in sé il rischio di un coito incontrollabile, abbandonate rapidamente la festa: adducendo a pretesto tutto il lavoro da sbrigare l'indomani mattina, vi congedate dalla vostra nuova conoscenza con un delicato abbraccio e, prima di andarvene, concordate di incontrarvi presto per un caffè.

C'era qualcosa che vi disturbava. Forse la risata un po' troppo forte? O le scarpe a punta, che suggerivano in modo aggressivo uno status alquanto modesto? Sono sempre queste minuzie a decidere tutto in amore. Forse è stato solo il vile timore delle complicazioni che si accompagnano alle avventure galanti, la confessione che alla fine non avreste potuto aggirare: siete già occupato, è vero, ma su una liaison in scioltezza, dio mio, non avreste avuto nulla da obiettare. E poi, soprattutto: parlare. Non vi piace parlare di una relazione prima ancora che esista. Forse non dipendeva affatto dalle scarpe.

Due giorni dopo, naturalmente, il suo sms. "Caffè? Oggi? O domani?" Sprizza calcolato buonumore. Che fare? Meglio non fare nulla. Non reagire. Benché, in effetti, subito dopo la festa già non rispondere... ovviamente non va bene. Meglio prendere tempo. Quindi scrivete: "Volentieri, ma al momento uno stress pazzesco, mi faccio vivo la settimana prossima. Cari saluti!".

La settimana dopo non vi fate vivo in alcun modo. Una maniera di interrompere il contatto senz'altro degna d'imitazione. La donna respinta ha ora una cattiva opinione di voi. La qual cosa era proprio la vostra intenzione. Chi vuole respingere delicatamente una donna innamorata deve dare presto l'impressione di essere una persona inaffidabile, ma soprattutto difficile sotto ogni aspetto. Non un malvagio, ovviamente – l'innamorata un giorno potrebbe rincontrarvi oppure cercare di rovinarvi la reputazione con chiacchiere malevole.

Respingere delicatamente una donna innamorata non deve mai causare danni. È assai più opportuno adoperarsi con arte affinché l'innamorata creda di esser lei ad aver perso interesse per voi: avere riguardo per una donna innamorata significa far sbocciare in lei l'automenzogna.

Particolarmente seccante è il caso in cui, a causa di una ritirata laconica, si è ritenuti un mistero sfuggente: quando cioè le donne si sentono attratte da un carattere che presumono complicato e vogliono (nientemeno) risolverlo, e perciò scrivono un secondo e anche un terzo sms, entrambi ammantati di un buonumore non inferiore al primo. In questa circostanza è d'aiuto soltanto un ostinato silenzio.

Ora, la maggior parte delle persone non è certo accorta come voi. I più, dopo il quarto calice di vino, ce la mettono tutta per consegnarsi all'antico sollazzo dei corpi. E al più tardi pochi giorni dopo il primo incontro, in una camera da letto, sullo sfondo, suona una musica a basso volume. La mattina dopo si è seduti al tavolo della cucina, si guarda fuori dalla finestra, si gira il cucchiaino nella tazza e si finge un umore splendido. E s'intuisce che, dopo una focosa notte d'amore, d'ora in poi anche in futuro si sarà gentilmente tenuti a essere oggetto di desiderio. In questo caso è utile affermare, come si usa spesso, che non si è ancora pronti, l'ultima relazione è stata così tormentosa e traumatica che non si è ancora riusciti a superarla, non si è ancora ritrovato l'equilibrio, le ferite dell'anima ancora aperte impediscono il nuovo amore che sta sbocciando, di per sé meraviglioso! A quel punto bisognerebbe fare uno sguardo triste e alzare le spalle. Si può anche accennare una punta di confusione. Con alcune innamorate funziona, le scoraggia. Con altre no.

Ci sono innamorate tenaci. Le innamorate tenaci vi chiedono qual è il vero motivo per cui non siete innamorati; le innamorate tenaci intuiscono che mentite, le infelici. Ma che dire se è l'aspetto esteriore a non soddisfare il vostro gusto? È impensabile rispondere che dipende dall'età, dai chili di troppo, dalla pelle sciupata dell'innamorata. In casi simili bisognerebbe sempre rispondere in modo elusivo, mostrando tutti i segni della perplessità, bisognerebbe dire che in amore è tutto così complesso che è difficile esprimerlo a parole. Il che, a esser franchi, non è assolutamente vero, ma è comunque un'affermazione che gode di una plausibilità generalmente riconosciuta.

Solo a barbari, dittatori e sceicchi può non importare come respingere delicatamente una donna innamorata. Tutti gli altri tengano ben presente che l'amore non ricambiato si placa soltanto quando l'innamorata crede di essersi erroneamente ingannata sulla sua prima impressione dell'amato.

2.
Celare le passioni

Le esplosioni sentimentali incontrollate, siano esse di gioia o di rabbia, vanno per lo più evitate in quanto rivelano all'avversario le nostre intenzioni e passioni. L'animo surriscaldato è incline all'errore, il pensiero distaccato è espressione di assennatezza.

S'irrita spesso a ragione chi riceve un'e-mail insolente. L'impulso a rispondere immediatamente e con ancor maggiore insolenza è molto forte. In questo caso, anziché mettersi a percuotere i tasti in preda alla stizza, bisognerebbe innanzitutto calmarsi.

Le e-mail impudenti sono spesso camuffate da richieste legittime: "Egregio signor Walter, come promesso Le mando il conto spese del mio viaggio a Roma. Sarei molto lieto se il versamento fosse effettuato al più presto. A breve presenterò le fatture. Con viva cordialità, Suo Hans Strass".

Il signor Walter, impiegato in una società immobiliare, aveva chiesto al signor Strass, un collaboratore esterno, di recarsi a Roma per vendere in loco due abitazioni. Il capo del signor Walter lo aveva pregato con insistenza di far sì che i costi del viaggio fossero ridotti al minimo, poiché l'azienda si trovava in una situazione economica leggermente critica. Perciò il signor Walter aveva concordato con il signor Strass una permanenza di tre giorni con pernottamento in un hotel a due stelle.

Quale colpo fu perciò per il signor Walter l'apertura dell'allegato, che conteneva un elenco delle spese. Il signor Strass era rimasto a Roma sette giorni anziché tre e aveva alloggiato al Grand Hotel Parco dei Principi, dirimpetto ai giardini di Villa Borghese. Al signor Walter, che temeva un rimprovero del capo, pareva di vederlo il signor Strass: eccolo adagiato nella vasca idromassaggio che sorseggia un cocktail sorridendo sgradevolmente; eccolo farsi mandare in camera giovani donne, fumare un grosso sigaro nella hall. E così il signor Walter, colmo d'invidia, il pensiero rivolto alla Città eterna, percosse i tasti in preda alla stizza: come osava il signor Strass manifestare tanta sfrontatezza? In primo luogo le fatture andrebbero inoltrate non via e-mail, ma per lettera e con le relative ricevute. E comunque sia, in ogni caso, non pensasse in nessun modo che in azienda qualcuno avrebbe saldato quella somma spropositata.

In quel momento il signor Walter non poteva ancora sapere che a Roma il signor Strass, con la sua magnifica arte negoziale, aveva stipulato contratti di compravendita decisamente vantaggiosi. Il capo, ora, era a tal punto entusiasta da aver maturato la ferma intenzione di offrire al signor

Strass non solo un impiego fisso, ma anche di fare di lui uno dei suoi consulenti più stretti.

Solitamente le e-mail sgarbate vengono inoltrate. Di norma ai superiori, come anche in questo caso. Solo pochi minuti più tardi il capo, un tracagnotto sulla quarantina, si precipita con il volto in fiamme dal signor Walter: è impazzito? Irritare così il caro signor Strass per pochi euro! Come gli è venuto in mente di alzare la cresta in quel modo? Non dovrà mica, lui, il capo, occuparsi di persona di ogni cosa, lì dentro?

Il signor Walter, dondolandosi irrequieto sulla poltrona da ufficio, impallidisce. Dove ha sbagliato? Ma il capo, con un movimento sprezzante della mano, non risponde, si limita a scuotere la testa e, visibilmente esasperato, lascia l'ufficio, non senza chiudersi con forza la porta alle spalle.

Come dormì male il signor Walter nei giorni successivi! Essersi giocato in quel modo il favore del capo gli pesava enormemente. Da quando sua figlia era fuori casa e sua moglie era scomparsa, la società immobiliare era il suo elisir vitale in un'esistenza altrimenti allietata da ben pochi piaceri. Quanto erano cambiati i tempi, pensava spesso il signor Walter in quelle notti, rigirandosi a fatica su un lato e sull'altro. In passato, quando il vecchio – il padre del suo attuale capo – era ancora in servizio, il mondo aveva ancora un ordine. Neanche lui aveva un carattere facile, certo, beveva di nascosto, era spesso lunatico, ma allora vigeva il principio: un uomo, una parola. Il vecchio non avrebbe mai rigirato i fatti con tanto sofismo ("qualche euro!"), mai e poi mai lo avrebbe così spaventosamente umiliato.

È facile capire che il signor Walter ha commesso due errori grossolani. Non solo ha trascurato di prendere in considerazione la possibilità di trasmettere innanzitutto, con discrezione, l'esorbitante conto al suo capo. Incapace di controllarsi, ha anche risposto in maniera oltremodo precipitosa. Sicuramente la sua mail lasciava trasparire una sostanziale antipatia nei confronti del signor Strass, di cui aveva fatto la conoscenza pochi mesi prima a un ricevimento serale dell'associazione cittadina degli agenti immobiliari. Il signor Strass, un giovane slanciato, quella sera era stato molto loquace, aveva catturato l'attenzione generale raccontando aneddoti e, sul tardi, quando la compagnia era già in via di scioglimento, s'intratteneva ancora e con fare confidenziale, come il signor Walter aveva avuto modo di constatare non senza inquietudine, al bancone con il capo.

L'e-mail del signor Strass era una trappola prevedibile, che il signor Walter avrebbe potuto aggirare con facilità. Sempre vale infatti il principio che una frase detta o scritta non può più essere rimangiata; chi invece sulle prime tace, in modo da placare i propri moti interiori, si tiene aperte più opzioni. Se il signor Walter avesse riflettuto per qualche minuto, la sua risposta sarebbe stata diversa. All'incirca così: "Caro signor Strass, La ringrazio molto della Sua e-mail. Spero che a Roma, oltre al lavoro, abbia potuto trascorrere qualche ora piacevole. Prendendo visione del Suo prospetto dei costi ho notato che le spese risultano maggiori rispetto a quanto inizialmente concordato. Le sarei molto obbligato se potesse fornirmi una spiegazione in merito. Con la speranza di rincontrarLa presto, cordiali saluti, Suo Heinrich Walter".

A quel punto il signor Strass avrebbe dovuto fornire spiegazioni; molto probabilmente avrebbe scritto al signor Walter che nei giorni del viaggio non era stato possibile trovare un hotel a due stelle. Il signor Walter avrebbe quindi avuto l'opportunità di scoprire, grazie a una breve ricerca, che in quei giorni sarebbe stato non solo possibile, ma addirittura agevole, trovare un alloggio conveniente. Questo è ciò che il signor Walter avrebbe scritto con grande cortesia, non senza celare un certo disappunto.

Per farla breve: nel corso di questo scambio di e-mail il signor Strass si sarebbe trovato sempre più in imbarazzo. Con un po' di fortuna, presto avrebbe anche reagito con cocciutaggine, per mancanza di riserve finanziarie si sarebbe incaponito testardamente nel richiedere il rimborso dell'importo complessivo e infine, in una mattina di luna storta, avrebbe scritto al signor Walter un'e-mail in cui lo intimava di risparmiargli "una volta per tutte quella stronzata meschina". A quel punto il signor Walter che si era limitato ad aspettare, avrebbe stampato lo scambio di e-mail e lo avrebbe sottoposto al capo, spiegandogli umilmente che, con tutta la buona volontà... non era certo sua intenzione parlar male dei collaboratori esterni... tuttavia era sorto un problema, per risolvere il quale lo pregava di consigliarlo.

Già, come sarebbe stato facile far sì che questa storia andasse a buon fine! Se solo il signor Walter non si fosse adirato in tal modo!

Chi non è in grado di controllare le proprie passioni mette a nudo la propria interiorità e diviene facilmente vulnerabile. Questo non significa che non ci si possa mostrare furibondi o tristi. Incollerirsi ad arte per intimidire un concorrente è prassi assai consueta. Ma questo non dovrebbe mai accadere nelle e-mail, le quali, come ognuno sa, possono essere inoltrate a chiunque. Metter invece piede a più riprese nell'ufficio di un collega sensibile, facendogli notare con irritazione eccessiva un errore o una piccola disattenzione, può essere utile a guadagnarsi rispetto.

Un'arte superiore è quella di pronunciarsi pubblicamente, rossi di rabbia, in modo mirato, per esempio durante una conferenza. Poi però bisogna difendere subito e con grande veemenza un punto di vista, affinché tutti i partecipanti credano che questo, più che giovare all'infuriato, lo danneggi. Una cosa del genere ogni tanto si può fare, purché in tal modo si dia l'impressione di avere un carattere decisamente bizzarro, di avere un contegno. Questo, a sua volta, richiede una capacità di dissimulare talmente sviluppata che è consigliabile soltanto agli esperti di quest'arte.

3.
Dissimulare

Ci siamo lasciati alle spalle due storie che parlano di messinscena, di come recitiamo in continuazione, di come dobbiamo recitare per esprimere desideri, pensieri e brame, di come in continuazione dissimuliamo. Per riguardo verso gli altri, affinché in futuro non ci danneggino, e per acquisire vantaggio sui concorrenti. Per farlo abbiamo bisogno del corpo, del linguaggio. Strumenti fragili, che dimostrano come in noi, dacché siamo al mondo, vi sia una crepa; che siamo scissi tra un'interiorità spirituale e un'esteriorità corporea; che vogliamo essere autentici e, nel migliore dei casi, sembrare tali. Non siamo mai veramente noi stessi; la creazione, dal giorno in cui abbiamo iniziato a scontare il peccato originale, è puro teatro del mondo. Ed "essere veri", come diceva un tempo un filosofo, significa soltanto "mentire secondo una salda convenzione, ossia mentire come si conviene a una moltitudine, in uno stile vincolante per tutti".

Dissimulare significa nascondere intenzioni, qualità, opinioni. È a rigor di logica una dissimulazione anche il semplice saluto cordiale rivolto a un collega che non stimiamo, che in ufficio ha sempre quel sorriso compiaciuto, che crede infondatamente di esserci superiore. Ci sono giorni nei quali lo prenderemmo volentieri a schiaffi. Eppure non lo facciamo. Salutiamo chi disprezziamo con immutata cordialità. Se non vi fosse la cordialità ad attutire le passioni, ad ammantare la quotidianità in morbide menzogne, se non tenessimo a freno i nostri impulsi e non ci imponessimo un distacco, saremmo francamente pericolosi, come lo sono gli animali. C'è da stupirsi di come la convivenza civile sia non solo plasmata, ma resa possibile *in toto* dall'ostinato sforzo di autocontrollo delle persone. E con quale facilità la maggior parte riesce a credersi morale! In questa automenzogna è la dissimulazione stessa a essere contraffatta.

È stato finemente osservato che l'arte della dissimulazione gode di particolare fortuna nelle epoche di crisi, quando gli uomini tribolano e arrancano. In passato i cortigiani orbitavano intorno al principe come farfalle intorno alla luce, e quello che oggi è chiamato mobbing era già allora una prassi consueta: ci si soppiantava a vicenda, si ridicolizzava l'avversario, si cercavano con perseveranza le caratteristiche che l'avrebbero screditato per non dover subire in prima persona un declino sociale. Accadeva proprio come oggi, ai piani alti, in ogni impresa di media entità, in ogni comunità di lavoratori autonomi, in ogni negozio, in ogni squadra di pulizie.

Solo in un paese prospero, che poco sa di rampanti e perdenti, la dissimulazione si mantiene entro certi limiti. Ci sono persone che ne sanno qualcosa. Avevano alle spalle un crescente benessere economico, hanno studiato fino ad aver le tempie grigie, hanno discusso su Trotzkij finché la voce si è arrochita, hanno cambiato partner fino all'esaurimento della libido. Poi si sono rapidamente salvati nei porti sicuri del pubblico impiego e del matrimonio, per mettere al mondo infine, con le ultime forze residue, uno o più figli.

Nelle cucine delle comunità abitative, dove il boom della psicologia affinatasi nei secoli borghesi aveva raggiunto il culmine, era la sincerità a farla da protagonista. Ai tavoli screziati da gocce di cera si parlava, dopo aver fatto l'amore, dell'orgasmo femminile e della sua intensità in rapporto al fatto che il patriarcato non fosse stato ancora del tutto eliminato. Quale trionfo sui genitori, sempre così parchi di parole, poter finalmente denudare con tono sdolcinato le più sottili ramificazioni dell'anima!

Qualcosa di simile raccontano anche alcuni tedeschi dell'Est, quando ricordano con vaga malinconia la prontezza nel soccorrere che un tempo fioriva a ogni angolo di edificio sbrecciato. Con quale naturalezza in passato ci si aiutava con rari pezzi di ricambio per le automobili singhiozzanti, quando nei bar i lavoratori sedevano ancora al bancone assieme ai professori, e abitavano nello stesso isolato!

Oggi chi si reca in un lounge-bar può scorgere i resti del vecchio culto dell'autenticità col sottofondo di una musica trattenuta: uomini e donne, seduti in collosa intimità sotto una luce soffusa, intenti a esplorare le sfumature delle circonvoluzioni dell'anima. È l'ultima generazione che potrà vivere ancora per un po' del miracolo economico dei nonni.

Fino a poco tempo fa la vita di quegli uomini e quelle donne era trascorsa come un lungo pomeriggio domenicale: erano cresciuti negli anni ottanta, il decennio, come è stato giustamente detto, più noioso del secolo. Ma chi oggi origli le conversazioni altrui, come un osservatore che entri per caso in un soggiorno corredato di bianchi scaffali Billy, torna di nuovo ad assistere al vecchio gioco della dissimulazione.

La dissimulazione, naturalmente, non è mai sparita del tutto; essa è connaturata all'essere umano come il tagliarsi le unghie o la posizione eretta. È solo che, poiché i percorsi di vita che ci si trovava davanti erano alquanto prevedibili, ordire intrighi è stato per lungo tempo inutile.

Ieri come oggi la questione decisiva è che cosa indossare, quale camicia ha più stile, quale automobile può farci apparire in una luce più favorevole, ma il buonumore e la malinconia si sono estinti e certo non soltanto in questa generazione. Lo stress; il cellulare che suona anche di notte; il quinto stage consecutivo e mai che si trovi un vero lavoro; troppo poco tempo, dice chi ha successo; ancora un trasloco, dice chi non ne può più. Si corre da una città all'altra, si cambia mestiere, si sale, si scende, si lavora a diversi progetti, in diversi team, sotto diversi capi, si controlla la mail sessantasette volte al giorno. La mobilità è alta, la concorrenza spietata, eppure la dissimulazione è abbagliante: mai il mondo era stato così gentile, raramente era stato confezionato con parole così dolci. Il collerico è merce del passato, il futuro appartiene ai charmeur.

In tempi di grandi rivolgimenti sociali, chi possiede l'arte della dissimulazione guadagna una particolare visibilità. È finita l'epoca dei gran borghesi che posano in doppiopetto e monocolo in album sgualciti, o dei lavoratori formati alla lotta dei corpi, fieri e imponenti davanti a grandi macchine, è finita la certezza di un lavoro fisso.

Non si insorge. L'impiegato non si ammutina, e neppure il libero professionista o il finto lavoratore autonomo. Solo i ceti bassi sfilano ogni tanto per la città, in gruppi sbandati e desolati, con miseri manifesti, fischietti e aliti alcolici. Insorgere? È qualcosa che appartiene al passato. Contro chi, poi? Contro il superiore che incalza il dipendente con la frusta? Prenderlo a braccetto e farlo cadere? Impensabile: il capo sul quale potrebbe convergere tutta la rabbia non esiste più. È diventato la persona più gradevole del mondo. E non c'è neanche un Noi. C'è l'Io, ben corazzato, che lotta abilmente per la propria carriera. L'avversario non siede più in alto, lì ormai c'è solo il cielo. L'avversario siede accanto a noi, in ufficio, nel cubicolo adiacente. Si chiama gerarchia orizzontale.

Quale contegno adottare per imporsi? Sempre con un sorriso. L'uomo flessibile della nostra epoca non fa mai ciò che dà a intendere, è simile a un camaleonte che assume il colore della pietra su cui si trova.

L'uomo odierno, si dice, ha sempre i riflessi pronti, è indipendente dai luoghi e adattabile. Concetti precisi, certamente. Sono concetti della vita di corte. Dell'epoca in cui ogni cortigiano era avversario dell'altro, curava con slancio la propria carriera o trescava in un amorazzo. A corte egli non era più il cavaliere di un tempo, che combatteva con cappa e spada, ormai le sue armi erano le parole ponderate e i gesti insidiosi. Allo stesso modo, oggi nessuno scandisce slogan sul campo marzio della strada, ma ci si maschera di gentilezza nella vita quotidiana.

Al capostipite dell'arte della dissimulazione, il tetro gesuita spagnolo Baltasar Gracián, l'inganno, l'adulazione e il parlare alle spalle che contraddistinguono la nostra epoca erano fin troppo familiari. Più di trecentocinquanta anni fa. Nelle storie che seguono ci imbatteremo di tanto in tanto in lui e in altri moralisti del suo tempo. Essi non volevano elevare l'uomo moralmente, bensì mostrargli la sua natura camaleontica, non volevano migliorarlo, ma solo comprendere le sue coordinate morali; non raffinarne l'etica, ma insegnargli ad agire con senno.

È quello che vogliamo anche noi. Per la nostra epoca. Perché il mondo era cattivo e lo è ancora oggi, basta guardarsi intorno.

Cos'è la vita? Un campo minato.

Cos'è la dissimulazione? La condizione della nostra ascesa.

Cos'è l'amore? Il più bello tra tutti gli inganni.

4.
Guardare con interesse

Abbiamo un tale desiderio d'attenzione! Chi è al centro di una conversazione, talvolta si piace immensamente. Poche cose soddisfano maggiormente la vanità. Soprattutto in chi sa ammaliare i propri ascoltatori in tal guisa da piacere loro per il suo narcisismo. Solo allora gli ascoltatori osservano attenti e interessati il narratore. Dimenticano se stessi: pendono, come recita una bella locuzione, dalle sue labbra. Questo a sua volta piace molto al narratore, il quale sa che piacersi aiuta ben poco se non si piace agli altri. Vale altresì il principio inverso: chi vuole lusingare il narratore, lo ascolta attentamente.

A un buon ascolto si presta una donna durante una passeggiata in riva al Reno. È il primo giorno caldo dell'anno: gli amanti del pattinaggio si avventurano all'aperto, passano accanto alla coppia che passeggia. La donna getta uno sguardo svagato a un battello che avanza placido seguendo la corrente.

La donna oggi ha una giornata libera. È un chirurgo, gli ultimi giorni sono stati alquanto faticosi:

due peritoniti, un complicato aneurisma e poi anche quella cosa con l'infermiere. È contenta di essere riuscita a convincere il suo buon vecchio amico a fare una passeggiata insieme.

Per semplicità, chiamiamo il buon vecchio amico Andreas e la donna Maria.

I due si conoscono dai tempi dell'università. Lui sta ancora scrivendo una tesi di dottorato sui Merovingi che non sta propriamente evolvendo verso la conclusione. A volte, in passato, durante le settimane di pena che Andreas trascorreva ormai da troppo tempo chino su fotocopie, disgustato dallo sgradevole intrico di note a piè di pagina in ogni sorta di volume specialistico e tormentato dai blocchi di scrittura, Maria, allora ancora studentessa, suonava alla porta del suo piccolo appartamento portando con sé della birra. Che poi si bevevano insieme a letto. E c'erano patatine e videocassette: tutti i James Bond disponibili. Birra anziché vino, una cosa che gli era piaciuta. Dopo alcune notti lei giaceva sprofondata nel sonno, mentre lui, fumando un'ultima sigaretta alla finestra, notava con lieve stupore che già spuntava l'alba. Era questo a piacergli, essere sveglio mentre lei dormiva. Il suo sguardo si posava di buon grado sulle palpebre dormienti e appena irrequiete di Maria.

Tutto ciò risale ormai a qualche anno fa; allora il mondo pareva a entrambi, almeno in certi momenti, un mare di possibilità. Non erano mai stati veramente insieme; allora, in quegli anni giovani di grandi ambizioni, si sentivano troppo diversi.

Era dunque soltanto, ma pur sempre lo era, un nobilitare la vita quotidiana dovuto alla voglia di un diversivo. E quando Maria si era innamorata di un altro, avevano deciso di trasformare senza nessuna complicazione la loro liaison in un'amicizia. "Adesso sono davvero innamorata," aveva detto lei orgogliosa.

E mentre Andreas sprofondò sempre più nel lavoro che ancor oggi si finanzia grazie a un posto come ricercatore presso l'Istituto storico, Maria dopo gli studi fece carriera con tenace passione. Assistente medico a neanche trent'anni! Nessuno avrebbe potuto lamentarsi di lei, neanche i suoi genitori, i quali anzi le regalarono una Volkswagen Polo, cosa che a Maria parve un po' sciocca, perché a quel punto avrebbe potuto comprarsela da sola, a rate.

Perché raccontiamo tutto questo? Perché Andreas segretamente desidera Maria più di quanto avvenga di solito in un'amicizia. Le palpebre che tremolano nervosamente alla luce dell'alba si sono impresse a fuoco nel suo animo. Da quando decisero insieme di evitare tutte le tenerezze che oltrepassano i limiti dell'amicizia, egli non desidera altro che quelle stesse tenerezze oltre i limiti. Andreas aspetta ormai da molto tempo l'occasione adatta per ricondurre la relazione al suo più passionale stato originario.

E intuisce molto giustamente che oggi potrebbe essere la volta buona. Perché Maria è confusa. La miglior condizione possibile. Racconta esitante, gesticolando e misurando la riva a passi lenti, parla del suo ragazzo, anche lui medico (ma in un'altra clinica)... è così fedele, così devoto, culla il desiderio di un figlio, è dolce, gli piace cucinare. Maria lo ama. In un modo o nell'altro, senza dubbio.

Certo, è così, dice Andreas. Ed è meraviglioso! Dov'è il problema?

"Il problema?" Maria scoppia a ridere disperata. Il problema è l'infermiere!

"L'infermiere? Quale infermiere?"

"Ah, che pena!" dice Maria, afferrandosi le tempie e arrossendo. E poi racconta l'orribile intrico. All'inizio erano solo sguardi timidi e lievi sfioramenti quando nel trattare il paziente di turno l'infermiere le passava gli strumenti. A seguire: primo, l'inevitabile incontro casuale al bar, dove mangiarono insieme cotoletta alla viennese con patate saltate; secondo, la ancora del tutto innocente birra piccola, dopo un turno comune; terzo, ahimè, il ritorno subitaneo dei remoti ardori giovanili, accompagnato dalla frenetica esplorazione dei vari ripostigli della clinica in pause che si concedevano insieme.

Che fare? Confessare tutto al suo ragazzo e troncare la liaison? Oppure lasciarlo? Ah, che confusione, qui la sicurezza, lì la grande eccitazione; quando è impegnata in interventi difficili non riesce quasi più a concentrarsi nei passaggi più delicati.

Ora si potrebbe facilmente arrivare a pensare che Andreas, alla presenza simultanea di due virili concorrenti, non abbia più chance. Ma è vero il contrario. Andreas infatti suppone, a ragione, che il ragazzo e l'infermiere abbiano già lottato a sufficienza. Senza sapere nulla l'uno dell'altro: l'infermiere è per Maria la prova di quanto il suo ragazzo sia noioso, mentre il ragazzo è la prova di quanto poco solida sia la vita dell'infermiere. Il quale non soltanto guadagna poco, ma sarebbe anche impresentabile a un qualsiasi party. Maria si vergognerebbe della sua naïveté.

Andreas pensa tutto questo, ma non lo dice. Ascolta Maria con attenzione, assume uno sguardo pensoso, fuma una sigaretta, di tanto in tanto le chiede di precisare se sta parlando dell'uno o dell'altro, e in tal modo fa sì che il conflitto emerga in tutta la sua asprezza. In nessun caso commette l'errore di criticare un concorrente o entrambi. Al contrario: elogia da un lato, seppur con misura, la passione della liaison ("Com'è eccitante!"), dall'altro la solida tranquillità del partner ("Che bella persona!"). In questo modo sfida la contraddizione della sua vecchia amica, che si lamenta delle domeniche uggiose e interminabili con il ragazzo ("Ultimamente giochiamo a carte, cosa che detesto!") e poi si lagna dell'infermiere, che si sarà certo vantato delle sue conquiste. Già volano frecciatine di alcuni colleghi, ci si beffa di lei nel modo più grossolano ("Ehi, ti fai già fare un'altra iniezione?").

A pensarci bene, dice Maria, quell'infermiere, che del resto non ha un brutto aspetto, è l'anteprima di una di quelle scappatelle che servono a ridare slancio ai rapporti. Niente di più.

Solo adesso che la partita sembra quasi vinta, Andreas passa dal contegno comprensivo all'attacco, indicando un sontuoso padiglione in mattoni rossi posto su una leggera altura, risplendente nel sole pomeridiano, nel quale è stato da poco aperto un bar.

Già alla seconda birra i buoni vecchi amici parlano dei bei vecchi tempi ("Che periodo folle!"). Alla terza vi è un momento di serietà, poiché Maria chiede a che punto è la tesi di dottorato e Andreas, in una benevola interpretazione dello stato delle cose, annuncia di essere ormai a un passo dalla conclusione. Alla quarta birra Maria nota che nelle ultime settimane Andreas è alquanto dimagrito ("Però così stai bene!").

Andreas propone di concludere in bellezza la giornata noleggiando un film. Dopo una breve esitazione (per esigenze di copione, non a causa di un dubbio reale), Maria dice: "Ma sì, perché no".

Qualche ora dopo, Andreas, fumando un'ultima sigaretta alla finestra, si stupisce che già spunti l'alba. È questo che gli piace, essere sveglio mentre Maria dorme. Il suo sguardo si posa sulle palpebre dormienti di lei, appena irrequiete.

Così lo sguardo attento e l'ascolto paziente trionfano sulle parole sconsiderate. E tutti gli altri sono rosi dall'invidia, deridono colui che sa mostrarsi interessato e pensoso, lo definiscono "quello che capisce le donne". Ma naturalmente è nel giusto chi non sottovaluta mai la vanità di chi racconta. Per un narratore, infatti, è sempre sgradevole dover constatare che l'interlocutore, anziché pendere dalle sue labbra, sta già pensando a cosa ribattere. Solo se questi mostra un'attenzione incondizionata, la persona che racconta cade nella trappola e si confida fino in fondo.

5.
Apparire autentici

Rifuggiamo dal tattico che non sa nascondere la propria tattica, dal bugiardo che non domina la menzogna. Sorridiamo compassionevoli di un mago che lascia scorgere il doppio fondo della valigetta. Sempre e ovunque tutto dipende dal padroneggiare l'arte della dissimulazione.

Recentemente un giovane ha lamentato che sul dépliant di una linea aerea sud-europea si parlasse dell'"atmosfera intima e confortevole" che si può godere sui suoi aerei. Aveva letto il dépliant durante il volo da Zagabria verso il suo paese d'origine. L'aereo era pieno. Davanti a lui vibrava con violenza il sedile di un altro passeggero, alla sua sinistra una signora corpulenta e grondante di sudore si stringeva contro la sua spalla, alla sua destra, per fortuna, c'era solo un gracile asiatico, che però, altrettanto angustiato dalla mancanza di spazio, o così almeno parve al giovane, ansimava in modo sgradevole. Se il volo fu sopportabile, fu soltanto perché ognuno dei passeggeri, incastrati in quel modo, si premurava con estremo imbarazzo di non muoversi. Un breve inchino per grattarsi il polpaccio avrebbe stravolto orribilmente quella compagine assemblata con tanta cura.

Erano dunque seduti in un minuscolo Boeing nel quale, certo per contenere i prezzi, erano stati stipati più posti possibile. Il bagaglio a mano era stato prelevato prima del volo dal sorridente personale di bordo e sistemato nel vano di carico, poiché, come si sarebbe presto scoperto, nella zona passeggeri non vi era posto per alcunché. Il bagaglio non veniva perciò sottratto in ragione di uno speciale servizio, come lasciava immaginare l'affabile dépliant, stando al quale si desiderava "sgravare gli ospiti".

Il giovane raccontò tutto questo con voce tremante. E disse che la sua agitazione dipendeva solo dal fatto che il messaggio pubblicitario contraddiceva il prodotto in maniera particolarmente eclatante. Era pratico di queste cose, lavorava come addetto stampa in una grande casa automobilistica tedesca. La pubblicità del suo gruppo industriale, disse, era di gran lunga più raffinata. Soprattutto era molto divertente. Solo quando l'azienda non si prende troppo sul serio sa rendere le cose simpatiche. "Far sempre ridere la gente!" disse poi, e spiegò che al giorno d'oggi la pubblicità soprattutto al cinema è molto ricercata. Per questo il film che segue risulta spesso deludente.

Di solito siamo tolleranti nei confronti delle insegne luminose con il loro sfavillio, delle pubblicità televisive, dei pop-up al computer, a volte addirittura ci divertono, senza che per questo crediamo al loro messaggio. Ma quello che concediamo alle aziende che ci adulano, lo disprezziamo nei nostri simili.

"Non è autentica!" Questa frase, pronunciata con intensità, è poco lusinghiera. Anja, una donna sui trentacinque, seduta al bar con un'amica di pochi anni più vecchia, si è appena espressa in questo modo a proposito della propria capa e ora scuote la testa con disprezzo. È autunno, la strada è disseminata di foglie ma, grazie ai funghi riscaldanti lungo il marciapiede, le due amiche sentono freddo solo alle caviglie, giusto un poco. E poiché ogni tanto il sole squarcia il tetto di nuvole sopra di loro, le due donne hanno posato sul tavolo, a portata di mano accanto alle tazzine, i grandi occhiali da sole.

Anja lavora in un istituto di ricerche di mercato e deve fare molte telefonate. Sondaggi sui temi più diversi. Quale partito si voterà domenica, quali sono i valori importanti per le persone, a che ora vanno a fare la spesa. Cose così.

Pochi giorni prima, alla riunione settimanale, la capa era stata interpellata in merito al fatto che nell'ultimo periodo ci fosse sempre meno lavoro. Tra le collaboratrici (in ufficio non c'è un solo maschio) serpeggiava la preoccupazione che, forse, l'istituto non se la passasse tanto bene. A quelle parole la capa, incapace di dominarsi, anzi con un tremito delle mani che tutti avevano notato senza possibilità d'equivoco, aveva allargato le labbra in un sorriso assente, spiegando che si trattava di una semplice flessione passeggera degli incarichi, che nessuno doveva preoccuparsi per il proprio lavoro. Dopo quella risposta pronunciata in affanno, la capa, che era solita accogliere in un severo tailleur, sorridendo sicura di sé, politici e uomini d'affari, era arrossita. Nessuno si meravigliò quando, due giorni dopo, cominciò a circolare la non infondata voce che tre posti sarebbero stati soppressi per motivi di servizio.

L'amica più matura, dopo aver ascoltato il resoconto della più giovane, si mostrò indignata: "Che porcheria! Che falsità!". "Già," disse Anja, accarezzandosi di sfuggita i lunghi capelli con la mano destra, "non è autentica." E a quel punto rivelò di essere una delle tre donne che avevano dovuto abbandonare l'azienda. L'altra la guardò sbigottita e le afferrò entrambe le mani. In quel momento nella testa di Anja si avvicendavano le scene più diverse: la capa in realtà era sempre apparsa inavvicinabile, semplicemente non naturale, e certe sue risate le erano sempre parse artificiose, alcuni scherzi forzati. Le tornò in mente il colloquio d'assunzione; in quell'occasione la capa si era profusa in ogni sorta di lusinga, aveva parlato di grandi possibilità di carriera. E le venne in mente la frase che diceva ogni mattina dopo una breve riunione con tutte: "Ok, ragazze, adesso però al lavoro!". La frase suonava sempre costruita e aveva un effetto solo moderatamente motivante.

Ah, se la capa – alla quale una carriera di sacrifici si era impressa sul viso, non invano, sotto forma di rughe profonde – in un discorso toccante, indizio di palese turbamento, avesse parlato delle difficoltà nelle quali ci si trovava! Le collaboratrici ne avrebbero avuto stima, rispetto. Sarebbero state motivate, si sarebbero preparate a tempi duri.

Così invece, chiunque abbia un minimo di esperienza di vita può prevedere che cosa accadrà: la capa inautentica non riscuote più credito; alcune tra le telefoniste rimaste, e proprio le più motivate, fanno domanda presso altre imprese; altre, poiché ora è esplosa una generale invidia, una lotta di tutte contro tutte, si mettono spesso in malattia. Il direttore generale, cui la capa è sottoposta, si chiede ora, non senza motivo, se non si sia preteso troppo da lei – perché nell'istituto regna una tale confusione?

E così, solo sei mesi dopo, quella stessa capa che tutto aveva sacrificato alla carriera, siede nel proprio enorme loft senza capacitarsi di essere stata licenziata; davanti a lei c'è già una manciata di fatture che non può saldare. Inesorabilmente sola beve un gin tonic dopo l'altro e chiama in continuazione l'ex compagno, ma quel porco mica la alza, la cornetta.

È buona cosa saper rendere credibile un habitus naturale. Lo sapeva già Baldassare Castiglione, che cinquecento anni fa scrisse *Il cortigiano*. Nelle corti di tutto il mondo, il cortigiano impara a tirare di scherma, condurre versatili conversazioni, incipriarsi a dovere e sedurre le signore. Tutto ciò gli riesce con una grazia che, affinché ogni movimento appaia autentico, prevede un vero e proprio allenamento: "Però si può dir," scrive Castiglione, "quella esser vera arte che non appare esser arte; né più in altro si ha da poner studio, che nel nasconderla".

Poche altre cose sono più ardue da suggerire sotto forma di naturalezza, niente è più gravoso di una conversazione leggera. Ed è male se non si sa condire la propria dissimulazione con gli indizi di un dolore o di una gioia profonda. Ancora peggio sono i segni di un inganno non riuscito: arrossire, balbettare o impallidire al momento sbagliato.

L'autenticità è considerata un vanto, ma nessuno se la cava senza astuzia strategica. Viviamo tra questi due poli. Chi dunque non sa simulare il pathos della sincerità, colui sulle cui spalle è visibile continuamente la corazza della dissimulazione, non sarà mai amato. La dissimulazione raggiunge il suo apice nel momento in cui lascia presumere che vi si rinunci.

Un tempo i capi erano patriarchi assoluti e lanciavano le scarpe contro i dipendenti, erano lunatici come divi dopo una notte di bagordi, richiamavano con voce stridula i collaboratori in mezzo al corridoio, e le segretarie erano le loro devote playmate. Ma il boss cattivo con il sigaro enorme è uscito di scena; il collerico del vecchio capitalismo, ridicolizzato fino alla nausea, esiste ormai soltanto in casi eccezionali, per lo più nelle vecchie aziende familiari. Oggi ci si mostra più sobri, più malleabili, più garbati. Dopo i seminari per i quadri dirigenti, gli account di posta dei dipendenti traboccano di messaggi motivanti. Nel team ci si dà del "tu". Le porte trasparenti degli edifici di vetro, che non concedono più alcuna privacy, simboleggiano la serenità inondata dalla luce del sole. E oggi un capo può anche portare un'acconciatura sbarazzina alla Fiorello senza passare per poco serio.

Nelle tavole rotonde i manager asseriscono gentilmente che non vorrebbero licenziare, se solo non ci fosse la concorrenza a Chongquing; che non vorrebbero chiudere nessuna azienda, se solo il corso delle azioni non parlasse da sé. Costrizioni e dipendenze ovunque, è questo che gli tocca subire. La trappola che tendono: aprirsi con totale malleabilità, con un buonumore malamente ispirato all'astuzia anglosassone. Si fanno assessment, meeting, outsourcing. Poi però si rivelano del tutto impreparati a una crisi violenta, mostrano subito il loro lato maldestro, la mano trema, la dissimulazione svela il proprio fallimento, il favore viene meno.

Al cospetto delle risorse umane lo tengano tutti presente, il solerte arrivista come il capo assennato, l'impiegato come il suo superiore: solo un artista della dissimulazione capace di mettere in scena ciò che è naturale – una tristezza affranta, una verace fierezza – saprà sedurre con successo.

6.
Mostrarsi per lo più modesti

Quando ci troviamo in uno stato di gioia sfrenata, abbiamo la più ferma e ingannevole convinzione che i nostri amici e conoscenti, i colleghi di lavoro e i parenti gioiscano con noi. Di fronte a un grande trionfo tendiamo a credere, sbagliando, che abbracciare una persona felice renda anche noi un po' felici. Ma è un errore non tener conto dell'invidia altrui, uno dei sentimenti più velenosi e, come se non bastasse, tra i più diffusi in assoluto. Tutti conoscono la lotta per un posto, lo sguardo freddo al nostro appartamento con terrazza, l'invidia per il nostro bellissimo partner.

L'invidia non produce necessariamente dolore. Essa è il metro segreto del nostro riconoscimento. Poche cose ci soddisfano intimamente più dell'essere invidiati – se solo l'invidia non fosse così pericolosa, una spina con cui scalzarci dal trono, per farci passare dal sole all'ombra.

Come agire nei confronti dell'invidia? Facendo sempre in modo che l'invidia altrui, lievitando, rimanga innocua nei nostri confronti.

Situazioni particolarmente delicate sono quelle

in cui ci concediamo di festeggiare noi stessi. Quando diamo un party. Con un'eccezione: il compleanno. Alle feste di compleanno siamo del tutto privi d'invidia. Anzi, segretamente proviamo una gioia maligna. Per il padrone di casa è passato un altro anno, e in quest'anno la stempiatura si è estesa fino a renderlo quasi pelato, si sono aggiunte le rughe e anche un paio di chili. È vero che spesso i party sono luoghi di disgrazia, ma una festa di compleanno di norma non lo è. Per mancanza d'invidia, appunto. Il padrone di casa, alticcio lui per primo, mesce senza sosta agli ospiti un vino che tutti apprezzano. Si ride e si brinda, ci sono antipasti orientali che vengono elogiati, e l'unica cosa che disturba, come sempre alle feste, è che ovunque mancano le forchette.

In realtà avrebbe molto più senso festeggiare non il compleanno, ma un aumento di stipendio. Senza dubbio un lieto evento, da celebrare in grande. "Cari amici e colleghi, con la presente Vi invito, soli o accompagnati, a una festa, il 15 gennaio in via... 23. Il mio superiore si è deciso ad aumentarmi lo stipendio da 3500 a 3800 euro lordi. Mi piacerebbe brindare con voi a questo avvenimento. Adesso posso permettermelo. ;-)."

Un simile invito finora si è visto poco. A volte noi, figli dell'etica borghese della modestia, abbiamo il fiuto giusto per una regola basilare della convivenza umana: festeggiamo spensieratamente quando non c'è nulla da festeggiare; al contrario, una festa diventa invece una faccenda delicata quando il padrone di casa ha un motivo reale per farla. E un tale motivo, purtroppo, si dà fin troppo spesso.

Prendiamo un parrucchiere, si chiama Erik ed è sulla quarantina. Dopo alcuni anni da dipendente, Erik si è messo in proprio. Un piccolo salone, appena stravagante, in una zona ben assortita (vecchi militanti di sinistra, nuovi ricchi, stranieri gentili e non troppo poveri). Per l'inaugurazione, Erik dà una festa. Sono invitati tutti i suoi amici. Vengono anche vari colleghi concorrenti. Erik ingaggia le ragazze di un servizio catering che girano in gonne succinte offrendo un celebre vermouth e piccoli stuzzichini, tra i quali gli immancabili spiedini con formaggio e uva. Si brinda e si tessono elogi: com'è di buon gusto il verde chiaro alle pareti! E la macchina per il caffè espresso, così grande e dall'acciaio luccicante! Certo che Erik si è dato proprio alle spese, dice un collega assestando al nostro parrucchiere una sonora manata sulla schiena che gli fa ingoiare un intero spiedino di uva e formaggio. Si ride di gusto.

Il pianoforte, disposto in un angolo illuminato da una luce soffusa, pare a tutti un po' esagerato. In ogni caso gli ospiti, ispezionando gli interni, di quando in quando storcono gli occhi in uno sguardo d'intesa reciproca. Erik spiega che assumerà un pianista, il quale ogni sabato, improvvisando, intratterrà i clienti, durante la seduta. La cosa più importante è proprio che il trattamento sia vissuto come un'esperienza particolare.

Come si comporta Erik alla propria festa in modo da trarne il maggior vantaggio possibile? Bisogna sapere che dentro di sé Erik è sicuro che la sua impresa sarà un pieno successo. Il rischio del resto è assai limitato, poiché di recente egli ha ricevuto una cospicua eredità. Questo però non lo sa nessuno. Inoltre Erik crede, non senza ragione, di essere uno dei migliori parrucchieri in città. Non per una particolare tecnica di taglio, ma perché ai clienti piace intrattenersi con lui. Erik è sempre informatissimo: quali scuole materne particolarmente innovative ci sono nel quartiere, dove si tengono i migliori corsi di yoga e quali negozi di specialità gastronomiche sono anche davvero biologici. Già adesso, ancor prima che il salone abbia aperto, ha fissato appuntamenti per quasi due settimane.

Alla propria festa, ovviamente, Erik non fa troppo il modesto: "Oh, ma è solo un piccolo salone!", "Be', in realtà non sono poi così bravo a tagliare i capelli". No, non gli crederebbe nessuno, ovunque si udrebbe: "Che falsa modestia!".

Ma sarebbe ancora peggio entrare in scena trionfanti, quindi in certo qual modo sinceri: "Sono il più grande!".

No, sarebbe bello invece se Erik sapesse mostrarsi speranzoso. Parlerebbe di una grande sfida, di come l'impresa porti con sé anche dei rischi. Accennerebbe ad alcune preoccupazioni: il credito ardito per finanziare tutta quella roba, noie con la burocrazia... E dopo il terzo bicchiere di vino chiederebbe ai colleghi, con una smorfia di scetticismo, se la posizione del salone è scelta bene. Lo si tranquillizzerebbe con ogni sorta di argomenti. Ah, in questo momento è tutto così emozionante, direbbe allora il parrucchiere ancora molto eccitato – per poi brindare calorosamente, e colmo d'insicurezza, con i suoi ospiti. Gli si augurerebbe buona fortuna. Di tutto cuore.

Con questa condotta dall'apparenza piacevolmente modesta, Erik potrebbe far credere ai suoi concorrenti che lo aspetti un periodo difficile. Almeno nei primi anni. I suoi amici naturalmente lo sosterrebbero. Spesso e volentieri si presterebbero come baby-sitter, affinché lui e sua moglie (che tra parentesi tiene corsi privati di medicina) possano "liberarsi un po'" da tutto quello stress.

E così accade. I colleghi di Erik si accorgono solo dopo sei mesi che nel giro di pochissimo è diventato più popolare di loro. Persino da quartieri che fino a quel momento erano il loro regno indiscusso, i clienti ora si spostano per recarsi dal nostro parrucchiere. Ogni sabato, infatti, come previsto, un fanciullo dai lunghi capelli biondi suona il pianoforte. È una cosa che piace soprattutto alle donne. Il parrucchiere, durante queste esibizioni poco meno che solenni del pianista, mentre taglia i capelli spiega alle clienti, con la sua voce gradevolmente roca, dove possono acquistare i migliori alimenti per la prole.

Se i suoi colleghi alla festa non lo avessero trascurato con tanta negligenza, avrebbero aperto immediatamente esercizi concorrenti nella sua stessa via. Adesso però è troppo tardi. L'invidia dei colleghi lievita, ma non può più costituire un pericolo per Erik. Anche i concorrenti adesso assumono fanciulli che suonano il pianoforte, ma il tutto sa un po' di imitazione. In compenso li fanno suonare anche durante la settimana; l'iniziativa, tuttavia, non paga. Ma se ne accorgono troppo tardi. Tutto quel daffare impotente piace molto al parrucchiere. È più contento che mai. Ebbro di successo com'è, ormai ha quasi risolto anche il suo piccolo, segreto problema con l'alcol.

All'avvio di un'impresa è utile essere sottovalutati. Chi appare modesto, in ciò risultando gradevole, si attiene a un'antica pratica dissimulatoria che già il moralista francese François de La Rochefoucauld nel XVII secolo aveva osservato a corte in tutta la sua bassezza. "La modestia," egli dice, "è una virtù che si apprezza soprattutto negli altri." La si finge volentieri, giacché si sa che è accolta con favore, ma in segreto si è per natura enormemente vanitosi. Come molte altre virtù, la modestia è soltanto un "vizio travestito".

PS. Poiché molti intuiscono che la modestia è spesso simulata, di rado si elogia qualcuno commentando: "È così modesto!". Sembrerebbe una canzonatura. Si preferisce dire, con approvazione: "È rimasto con i piedi per terra". E con questo s'intende: il successo per lui non è importante. Dissimulare in tal modo è davvero sempre vantaggioso. C'è abbastanza gente che lo ritiene un atteggiamento sconsiderato.

PPS. Colui il cui successo è ormai sotto gli occhi di tutti dovrebbe cambiare strategia. E cioè dovrebbe fare il possibile per essere sopravvalutato dagli altri, anziché sottovalutato. Essere sottovalutati a quel punto non ha più senso. Chi ha successo dovrebbe essere circondato da un'aura di mistero: tiene i nemici a distanza di sicurezza.

7.
Mai sembrare perfetti

Un giorno un professore di letteratura, in occasione dell'assegnazione di un posto nel suo istituto, pronunciò imbestialito le seguenti frasi: "I colleghi mediocri impiegano gente peggiore di loro. Le persone molto brave cercano sempre colleghi ancor più bravi".

Essendo uno studioso di valore, il professore era indignato perché la maggioranza del corpo docente si era accordata su un candidato mediocre. Un collega brillante da lui proposto era stato invece rifiutato con la motivazione che era arrogante, che avrebbe turbato la pace dell'istituto, che la sua ricerca era poco comprensibile ecc.

Il professore molto bravo, un esperto mondiale di letteratura francese del XIX secolo, pochi mesi dopo accettò un altro posto – a tal punto la decisione dei colleghi lo aveva sdegnato. Il ministero decise di non riassegnare più il posto divenuto vacante. Nel ranking delle università pubblicato annualmente dalle grandi testate, l'istituto crollò dal nono al diciassettesimo posto. Gli studenti di filologia romanza più ambiziosi cominciarono a evitare quell'università un tempo gloriosa.

Quanti istituti e imprese vanno in rovina per l'invidia dei colleghi mediocri! Non pochi, consapevoli della propria mediocrità, temono di risultare inferiori davanti ai colleghi competenti e sono attentissimi a non dar loro alcuna chance.

Per questo la maggior insidia in un colloquio d'assunzione non è il rischio di dare una brutta impressione, ma al contrario, quello di dare un'impressione troppo buona. L'arroganza, che spesso è segno di una valutazione realistica della propria superiorità, è quindi assolutamente da evitare. La miglior ricetta per ottenere un posto: durante il colloquio d'assunzione far scivolare una o due manifestazioni d'insicurezza. All'opposto, mai provocare l'insicurezza altrui! Meglio mostrare la propria debolezza, a dispetto della consapevolezza delle proprie forze.

Una domanda oggi usuale nei colloqui d'assunzione recita: "Quali crede che siano le sue debolezze?". Evidentemente in questo modo s'intende appurare l'autostima del candidato. Saggio è colui che risponde affermando di essere a volte troppo "impaziente". Ciò suggerisce ambizione e agilità mentale, ma al tempo stesso dimostra che il candidato è consapevole di come uno sviluppo eccessivo di tale qualità sia dannoso.

Una donna si era candidata per un posto nella sezione creativa di un'azienda produttrice di magliette spiritose. Durante il colloquio d'assunzione si parlò in primo luogo, in un'atmosfera molto rilassata, dell'obiettivo principale dell'azienda: vendere più magliette possibili con slogan più divertenti possibili. La sezione creativa aveva il compito di ideare gli slogan per le magliette. Durante il colloquio fu mostrato alla candidata il fortunato modello con la scritta "I prefer sex to gender", al che lei sorrise con finezza e annuì come chi la sa lunga. In altre parole, tutto filò magnificamente. Fu discussa persino la retribuzione desiderata, e la sua richiesta sembrò essere ritenuta non del tutto peregrina. Poi però giunse l'inevitabile domanda, posta dal membro del consiglio aziendale, una signora: "Quali crede che siano le sue debolezze?".

La candidata esitò un momento, poi scoppiò in una sonora risata. La domanda le era parsa troppo prevedibile, come se avessero voluto appurare la sua capacità di rispondere che a volte era "troppo impaziente". Chiese alla signora del consiglio aziendale se si fosse preparata al colloquio con l'aiuto di un consulente per le prove d'assunzione. Il comitato di reclutamento reagì con un silenzio gelido e la congedò con una cortesia che parve forzata; non le fu neppure mai rispedito il materiale che accompagnava la domanda di assunzione.

Chi dunque è interessato a un lavoro, durante il colloquio di assunzione non dovrebbe mai perdere il controllo dei propri moti interiori. Persino chi non è consapevole delle proprie debolezze dovrebbe rispondere: "A volte sono troppo impaziente". Ci si può preparare prima, davanti allo specchio, affinché la risposta non suoni troppo innaturale.

Del resto, alla domanda "Quali crede che siano le sue debolezze?" bisognerebbe rispondere solo dopo una breve pausa. Una breve pausa che suggerisca una spontanea riflessione, il garbato riconoscimento di quanto la domanda fosse saggia e sensata, il che lusinga chi l'ha posta. Una breve riflessione suggerisce inoltre la ricerca autentica di una risposta vera. Solo a quel punto bisognerebbe rispondere, con voce ferma e una certa gravità di tono, che a volte si è "troppo impazienti", ma è un difetto caratteriale sul quale si sta lavorando.

Non vi è nulla che incontri il favore dei capi più delle piccole insicurezze. Simulate con misura, hanno un effetto più proficuo della totale sicurezza di sé, che di solito è interpretata erroneamente come sopravvalutazione della propria persona. Un breve arrossire non può mai nuocere. Persino una frase che, pronunciata con apparente eccitazione, abbia una chiusa non impeccabile sotto l'aspetto grammaticale, non disturba – a patto che il messaggio si comprenda senza fatica.

Alla fine il comitato di reclutamento perverrebbe alla conclusione che il candidato non è subdolo, che non è perfetto. Ha le sue spigolosità, e sono proprio queste a renderlo simpatico. E alla fine il candidato otterrebbe il posto. Saggio è infatti colui che al momento opportuno sa celare la propria saggezza.

8.
Cogliere il momento giusto

Tutto dipende sempre e comunque dal momento giusto. Confessioni d'amore fatte troppo presto mettono in fuga la persona desiderata. Esitare troppo a lungo, finché la persona adorata abbandona delusa il campo dell'amore, ha lo stesso effetto: sommamente sfavorevole. Ma come accorgersi di quando va colto il momento propizio?

Immaginate di avere poco più di quarant'anni. Siete una donna matura e padrona di sé, dotata di una bellezza ancora fiorente, il che vi è confermato quotidianamente, in tram, da furtivi sguardi maschili. La vostra ultima relazione vi ha stremato, vi siete tormentate per problemi semplicemente irrisolvibili. Già da anni i vostri amici avevano intuito che la relazione volgeva al termine. Ma voi avete continuato a tormentarvi, contro ogni ragione. Non c'erano infatti, in tutti quegli aspri confronti, ancora barlumi di speranza? Niente da fare: era un uomo troppo complicato, pesantemente incline alla triste ricerca di un senso dopo che i due romanzi che aveva scritto, del tutto ignorati dai lettori, erano rimasti per un po' esposti su scaffali defilati delle maggiori librerie, per poi semplicemente sparire, come se non fossero mai stati scritti. I critici erano stati offensivi, avevano descritto uno "stile manierato", parlato di un libro "di cui il mondo, invero, non ha bisogno".

Quei due insuccessi avevano gettato il vostro compagno in uno stato di persistente malumore. Aveva smesso di lavarsi e, simile a un fantasma, si trascinava con malcelata irrequietezza nell'appartamento che condividevate, mangiava spaghetti freddi e già a mezzogiorno beveva vino d'infima qualità. E voi? Lo avete consolato! Incessantemente. Neanche foste madre Teresa! Voi, brillante impaginatrice di una rinomata rivista di moda! Sì, è così che vi siete sentita, come la madre di tutte le madri. Come vi siete odiata per questo, malgrado la compassione per lui! La vostra migliore amica aveva parlato di "co-dipendenza". Aveva detto che eravate divenute schiave dell'infelicità di quell'uomo "come un tossico dell'eroina".

Ci fu poi quel lungo weekend a Dresda. Eravate con lui, l'autore-nessuno, avvinghiati davanti alla Frauenkirche. Piovigginava. Com'era bello: tra i visi, il tratteggio della pioggia. Scherzaste sui passanti che, avvolti in pesanti cappotti, gravitavano intorno al vostro idillio solitario come pianeti lontani. E la notte in hotel, dopo una lunga astinenza, braccia e gambe si avvilupparono un'ultima volta le une alle altre. Oggi pensate che, senza quel momento di felicità a Dresda, non lo avreste mai lasciato. Giacché una volta ritornati a casa, il vostro compagno riprese a bere vino d'infima qualità e a mangiare spaghetti freddi. E si tornò a parlare del suo riconoscimento mancato. Del disprezzo per il suo talento. E del dolore per i suoi romanzi, scritti in notti di grandi fatiche, che nessuno voleva comprare. Ah, quel suo ritorno così appassionato ai propri problemi fu come un atto d'infedeltà, l'estinzione di ogni speranza.

E adesso, dopo quella relazione di sei anni e il successivo periodo di lutto (durante il quale voi stessa indulgeste all'alcol, seppur quello costoso), nelle faccende d'amore siete ovviamente un po' fuori esercizio.

Ma questa nuova storia potrebbe diventare importante! Lo avete conosciuto pochi giorni fa a un vernissage, e la conversazione era così stimolante che avete bevuto subito tre cocktail. Un uomo della vostra età, uno da poter esibire. Mentre chiacchieravate gli è venuto in mente con naturalezza un aforisma di Nietzsche ("La grande lode alcuni rende pudibondi, altri insolenti"). E la sua stempiatura ardita era davvero da capogiro.

È pittore – di nuovo un artista – si vede che avete una propensione per questo genere di uomini, ma lui sembra del tutto a posto ed è anche relativamente affermato. Non sarà la *crème de la crème*, ma il suo grande dipinto cupo-surreale che ritrae un bue sulla spiaggia è citato con approvazione da galleristi e critici, come avete scoperto su Google.

Al secondo incontro è già lì che vi aspetta, vi

aiuta a togliere il cappotto accompagnando il gesto con una battuta ironica e, al vostro cenno di assenso, ordina due aperitivi. Bel locale, ben frequentato, non lo conoscevate, tavoli piccoli sui quali potersi chinare per parlare in intimità; i camerieri sono italiani molto tipici e l'arredo non troppo chic, quasi un po' rustico, ma è una scelta consapevolmente rétro, e piace per questo.

Brindate alla serata. Parlate del vostro lavoro, di come vi toglie le forze; è che in questo periodo, spiegate, avete le redini di un rilancio in grande stile, che rivoluzionerà completamente il mondo delle riviste di moda, e se non ci fossero certi colleghi incapaci tutto filerebbe molto più liscio.

Lui v'interrompe, tutt'altro che insicuro, poiché mentre parlate vi guarda tranquillo negli occhi e dice, quasi solenne, che siete bellissima. La mossa vi piace. Pudicamente, per un attimo abbassate lo sguardo sulla tovaglia, non troppo a lungo e neppure disdegnandolo; poi, per non apparire troppo vanitosa, portate il discorso sulla sua pittura. Dite che avete cercato in internet il suo famoso dipinto del bue e che... è difficile trovare le parole per una cosa del genere... ma se vi è concesso tentare, be', allora... vi pare che emani una forza malinconica capace di ammaliare in un modo persino inquietante.

Per farla breve: si fa tardi. E dopo il limoncello, offerto dalla casa dopo che vi siete ristorati con ogni sorta di vivanda senza mai stancarvi di tesserne verbosi elogi al personale, siete sicura di poter cogliere l'occasione e sfiorate con la scarpa in modo quasi maldestro, come per sbaglio, la sua gamba, quindi vi piegate sopra il tavolo e concedete ai clienti rimasti lo spettacolo di un fervido bacio, degno di una fotografia e molto, molto lungo.

La notte che segue è semplicemente inebriante, e che due giorni dopo il pittore non si sia ancora rifatto vivo non v'inquieta. La presunta ritirata fa parte del gioco. Solo alla fine del terzo giorno, che trascorrete in redazione tra violenti diverbi, vi preoccupate e, con una punta di rincrescimento, poiché speravate che si sarebbe fatto vivo per primo, scrivete un sms che sprizza calcolato buonumore e si conclude con la promessa di incontrarsi presto.

La risposta arriva solo nel pomeriggio del giorno dopo: "Volentieri, ma al momento uno stress pazzesco, mi faccio vivo la settimana prossima. Cari saluti!".

Un po' deludente lo è senz'altro, questo dovete ammetterlo, ma vi ricordate vagamente che durante la cena ha parlato di una fase un po' difficile per la sua pittura, di certo non se la sta passando troppo bene. È comprensibile, anche voi qualche volta avete giorni nei quali non vorreste nemmeno ficcare il naso fuori dalla finestra. È vero che nel complesso vi ha dato un'impressione di equilibrio, ma, se ricordate bene, nei suoi occhi c'era sempre anche qualcosa di struggente, difficile da descrivere, come se scaturisse da una frattura interiore. Perciò decidete di aspettare qualche giorno prima di rifarvi viva con un nuovo sms. Al quale però non segue alcuna risposta.

E la vostra migliore amica, trovandovi giù di morale, vi apre gli occhi. "Accidenti!" esclama al telefono, "non ripetere sempre lo stesso errore. È un tipo troppo complicato per te!" Queste parole, pronunciate con vivacità, vi colpiscono.

Qualche tempo dopo, mentre il rilancio in grande stile si trascina a fatica da una fase decisiva all'altra, qua e là nelle terze pagine dei giornali si comincia a leggere del nuovo libro del vostro ex-compagno, e presto c'è chi parla di un "sorprendente successo letterario". Di lì a poco vedete il titolo dell'esile volume (non è mai stato uno scrittore prolisso) nella classifica dei bestseller. Settimo posto! In un programma culturale serale (in realtà volevate riprendervi dal lavoro) viene trasmesso un servizio stile "homestory" sul vostro ex, ripreso nel suo appartamento durante un'intervista ricca e divertente. In un paio d'inquadrature si vede anche la sua ragazza. Non ne sapevate niente. Sembra giovane.

Non si può certo affermare che la sera abbiate poi preso sonno facilmente. Siete rimasta a letto, sveglia, incapace di rimuovere certi pensieri, e a un certo punto avete realizzato con apprensione che vi aspettava una lunga giornata di lavoro: stava già arrivando il mattino.

Ah, ma voi avete fatto tutto correttamente: avete lasciato il compagno quando l'amore era svanito, avete desiderato un altro uomo e lo avete sedotto secondo gli insegnamenti dell'arte della dissimulazione. E tuttavia la storia finisce male. Purtroppo lui, a quanto pare, si è rivelato troppo complicato. E questo è dipeso da Kairos, il dio greco del momento giusto, il quale solo raramente rivela se le occasioni favorevoli che regala all'uomo sono anche benefiche. Kairos ha le ali ai piedi. A quanto dice il mito, è immensamente potente e imprevedibile, vola come il vento.

Si tratta sempre di saper cogliere il momento migliore: un attacco tardivo, e il nemico è già riarmato; una mail spedita sull'onda della rabbia è foriera di sventure; ed è assai imprudente parlare in un momento in cui sarebbe molto più opportuno ascoltare. Tutto ciò si può imparare. Anche afferrare un'occasione amorosa in un piccolo ristorante è una capacità che si apprende con fatica, ma si dissimula con facilità. L'occasione, tuttavia, resta sempre un prodotto del caso. E nessuno può dire che l'occasione, anche quella colta al volo, porti fortuna per sempre. Essa pone talvolta un limite amaro all'arte della dissimulazione.

9.
Da chi bisogna guardarsi

Già due volte siete stati invitati a indossare i panni di un'altra persona: della donna poco oltre la quarantina e dell'uomo che sa come respingere con delicatezza una donna innamorata. Si tratta di un espediente stilistico adoperato scientemente per evidenziare la particolarità dell'arte della dissimulazione: chi dissimula si comporta come Proteo, il dio marino, che può trasformarsi in leone, serpente, leopardo, cinghiale, acqua corrente e albero. Chi dissimula è capace di calarsi in caratteri estranei, nelle cupidità dell'avversario, in un altro sesso, nel bagaglio di esperienze dei suoi concorrenti. Ed è capace, quando la necessità chiama, di appropriarsi dei loro ruoli come un attore di cui, nell'ebbrezza interpretativa, non si riconosce più l'identità reale.

L'arte della dissimulazione somiglia alla lettura, quando ci lasciamo sedurre, e all'amore, quando presumiamo di vedere il mondo con occhi diversi.

Abbiamo già conosciuto ogni sorta di strategia: abbiamo visto come si tiene a distanza un'innamorata nel modo più delicato possibile; come si può simulare un volto veramente affranto; perché tacere può essere di gran lunga più sensato che parlare; perché le grandi eccitazioni vanno smorzate. Ci piace afferrare l'occasione fortunata e, nel farlo, tenere a freno le passioni, nascondere le nostre intenzioni. Anche se dobbiamo constatare che il caso maligno può sempre incrociare i nostri piani.

Abbiamo avuto a che fare tanto con la vita privata quanto con quella professionale, poiché oggi ormai i due piani si mescolano. Grazie a cellulare ed e-mail siamo sempre disponibili per il nostro datore di lavoro, e c'è chi ha interiorizzato questi mezzi di comunicazione al punto da leggere le mail d'affari anche nei weekend, accettando con trattenuto disappunto la chiamata urgente del capo o rispondendo a un suo sms non meno pressante. Sul lavoro, in maniera uguale e contraria, siamo sempre disponibili per gli amici, il coniuge o i genitori, che si sono abituati ormai da un pezzo al reciproco sconfinamento di lavoro e tempo libero: "So che hai da fare, figliolo, ma di' un po', vieni a mangiare da noi nel fine settimana?" – "Tesoro, per favore, dopo il lavoro puoi fermarti a prendere del basilico fresco? Grazie!".

Finora tuttavia abbiamo solo accennato a coloro contro i quali dobbiamo armarci quando dissimuliamo. Chi può diventare particolarmente pericoloso per noi? Naturalmente i nostri immediati concorrenti nella vita professionale, con i quali ci troviamo in viva competizione, e i nostri rivali, se si tratta di sedurre una donna o un uomo.

I concorrenti ci vogliono sbaragliare, ma spesso, per l'inibizione degli impulsi indotta dalla civilizzazione, la loro invidia ci viene incontro solo in forma dissimulata. Cercano di non strangolarci. Ma questo non fa altro che renderli meno prevedibili. Giacché assai più pericolosa del loro odio scoperto è la loro adulazione. Dovremmo essere sempre sommamente diffidenti quando ci imbattiamo in una gentilezza abbagliante.

Vi sono persone alle quali dobbiamo fare particolare attenzione quando diventiamo loro concorrenti. Tra i più abili nell'arte della dissimulazione, quindi particolarmente pericolosi, vi sono gli arrampicatori che con pazienza e tenacia hanno lottato per arrivare in alto; per quanto poco appaia verosimile, diventeranno presidenti della repubblica francese o cancellieri federali. Giacché mantengono sempre, ed è un gran vantaggio, uno sguardo estraneo sulla società che hanno finalmente conquistato ma che non li ha visti crescere ciechi al suo interno. Essi colgono le sfumature dei comportamenti molto meglio di coloro che non hanno mai vissuto altrove.

Il sociologo Georg Simmel ha chiamato colui che comprende al meglio una società "lo straniero che rimane". Lo straniero che rimane può essere il nuovo arrivato, l'arrampicatore, chi sconta una tara fisica, chi un tempo era beffeggiato. È sempre rimasto in disparte a causa di una macchia – uno sgradevole difetto di pronuncia, il passo zoppicante, la provenienza –, ma nell'osservazione del proprio ambiente ha appreso le arti più insidiose.

Con l'interesse del naturalista che si china su un fiore raro, lo straniero che rimane, colui che eternamente sta almeno un po' in disparte, coglie le più sottili ramificazioni della struttura umana. Per questo potete ritenervi fortunati se siete uno straniero che rimane. Se non lo siete è opportuno che indossiate, come Proteo, la vostra maschera.

Non è un caso che i più grandi artisti della dissimulazione della letteratura mondiale, come ad esempio il grande intrigante shakespeariano Riccardo III, abbiano un aspetto particolarmente sgradevole. Un tempo emarginati, il destino ne ha poi fatto osservatori acuti dell'ambiente in cui vivevano. Hanno trasformato in armi le proprie debolezze, le proprie tare in vantaggi. Georg Christoph Lichtenberg, l'aforista dell'Illuminismo, dalla figura piccola e gobba, disse: "Non appena si è affetti da un'infermità, si ha anche un'opinione". Paride, il bellissimo vigliacco dell'antichità, colui che comprendeva le donne, non ha il dono della forza muscolare. Uccide Achille, il più fiero tra i guerrieri, colpendolo scaltramente al tallone; non in aperto duello, poiché in quel caso non avrebbe avuto alcuna speranza.

Vi sono filosofi che dalle debolezze fisiche degli uomini hanno dedotto persino la loro voglia incontenibile di dissimulazione. Poiché gli uomini erano privi di corna e zanne, ebbero bisogno della freccia avvelenata. Invece di combattere con cruda violenza, escogitarono trappole nelle quali la nerboruta preda s'impegolava orrendamente. E questo vale anche oggi: giacché ciò che bisogna temere ogni giorno non sono gli artigli che possono sbranarci, ma le menzogne diffuse con angelico candore da chi apparentemente ci è inferiore. Questa, grosso modo, è la civiltà, dice Nietzsche.

PS. Baltasar Gracián ha individuato un'ulteriore cerchia di persone dalle quali bisogna guardarsi. Egli consigliava: "Non mescolarsi con chi non ha nulla da perdere". Chi non ha nulla da perdere può abbassare la guardia e attaccarci con cruda violenza. Non gli importa se riporterà danni. Chi non ha nulla da perdere è al di fuori della civiltà. Fortunato è chi non lo incontra mai.

10.
Sapersi scusare

Nessuna strategia va spinta all'eccesso, nessun'arte deve diventare un trucco che si riveli come tale. Ad esempio, sarebbe poco saggio eccedere con le scuse. Ci sono persone che si scusano terribilmente spesso. La sera ti trattano in malo modo, ti offendono, e il giorno dopo arriva con voce stridula la telefonata di scuse. Ci si sente dire che erano ubriachi, che non era loro intenzione, che ovviamente non pensano in alcun modo che la persona definita la sera prima nella foga alcolica un "falso e imbecille" falso e imbecille lo sia davvero. L'offensore, a sentir lui, è in enorme imbarazzo, dice di aver sbagliato tono. Non è che lo si potrebbe perdonare? Ciò va deciso caso per caso.

Da un certo stadio in poi, quasi ogni storia d'amore entra nella fase delle scuse. Fase che comprende i ben noti litigi, aspri e ricorrenti, con annessa rappacificazione. Allora si dice: "Scusa, angelo mio, non volevo sbraitare così". – "Sì, tesoro, quella tua frase, per cui da qualche anno faremmo del sesso mediocre, era proprio offensiva. E poi non è vero!" – "La mia allusione al fatto che ti sei un po' appesantita, be', mi dispiace. Soprattutto perché la cosa non mi disturba affatto! Ti dona!"

Al più tardi tre giorni dopo si litiga di nuovo, e di nuovo segue la rappacificazione accompagnata da orge di scuse. Va avanti così per un po', finché, stanchi di litigare, si è ormai troppo in là per rappacificarsi. Perché una volta che sopraggiunge la fase delle scuse, la barca dell'amore, un tempo sfavillante sotto il sole, è ormai da lungo tempo avvolta da nubi minacciose, che si disperdono solo a fatica. Di qui la prima regola a proposito di scuse: limitare le occasioni che potrebbero indurre a pretendere scuse, andare in collera con parsimonia e non parlare mai da soli a cuor leggero.

In caso di gravi misfatti ci si appellerà volentieri, con un po' di goffaggine, a un malinteso. Si dirà di essere stati capiti male. Una situazione simile si poté apprezzare nel 2007: il vicepresidente federale Wolfgang Thierse si era così espresso sull'ex-cancelliere Helmut Kohl: "Lasciare la moglie nell'ombra a Ludwigshafen, come ha fatto Helmut Kohl, non è proprio l'ideale". Con queste parole Thierse aveva cercato di spiegare una decisione del vicecancelliere Franz Müntefering, che si era dimesso a causa di una malattia della moglie. Hannelore Kohl, la moglie dell'ex-cancelliere, ancora durante il mandato del marito aveva sofferto di una grave fotoallergia e si era tolta la vita.

Il partito avversario poté reagire con vivido sdegno morale alla poco lusinghiera affermazione di Thierse. Una frase del genere è sempre un dono insperato per chi lo sa utilizzare. Dapprima Thierse dichiarò di essere stato frainteso, ovvero citato in modo parziale. Poiché tuttavia il vivido sdegno morale non scemava, finì per prodigarsi in scuse accorate. E a Helmut Kohl fu regalata la splendida occasione di accettare generosamente le scuse di Thierse, suo vecchio avversario, durante una manifestazione pubblica.

La seconda regola in fatto di scuse recita dunque: una frase che circola, non importa se così come è stata pronunciata o un po' diversa, non può più essere ritrattata. In questo caso è d'aiuto soltanto, per quanto risulti difficile, profondersi in scuse infinite.

Certe scuse possono anche rivelarsi molto utili. Poniamo che siate un famosissimo e ricchissimo viticoltore, possente nell'aspetto, tarchiato al punto giusto. Il vostro riesling del Palatinato è un prodotto raro e ambito sul mercato mondiale. Uno dei vostri apprendisti, un giovane gracile con quattro peli sul mento, rovescia inavvertitamente una bottiglia di vendemmia tardiva. E questo accade durante una delle celebri degustazioni che organizzate regolarmente per una cerchia eletta di gente d'affari. La bottiglia cade in modo così infelice da infrangersi sul tavolo, e il contenuto si rovescia sulla camicetta della consorte di un importante direttore editoriale che fa un balzo all'indietro esclamando: "Uh!".

Sulle prime vi mostrate assai indulgente, addirittura disinvolto, vi limitate a scuotere la testa e porgete alla consorte del direttore editoriale le scuse più sentite per il guaio, mentre lei si vede assistita all'istante dall'apprendista, che ora le si fa attorno frenetico carico di fazzoletti. La donna affronta l'intera situazione con compostezza e persino con humour: "C'è un clima frizzante, qui!" dirà alla fine e vi bacerà spavalda sulla guancia, un gesto che accoglierete con un sorriso.

Solo a manifestazione conclusa afferrate l'apprendista per la manica della camicia e gli chiedete furioso se ha le mani di pasta frolla e se per caso è troppo stupido per servire gli ospiti. Vi augurate che non si ripeta mai più, gli dite poi, altrimenti può anche tornare a casa sua, in Kazakistan, a pascolare le pecore o a farci qualcos'altro!

Dopo le prime scuse proferite dal balbettante apprendista, che peraltro è davvero emigrato pochi anni prima dal Kazakistan nel Palatinato con la famiglia di origine tedesca, notate non senza preoccupazione che nel suo sguardo sottomesso si agita anche dell'orgoglio ferito. Quella cosa delle pecore in Kazakistan non avreste dovuto dirla; la vostra esplosione di rabbia, pedagogicamente ispirata, forse si è spinta un po' troppo in là. Giacché sapete che le vostre nuove leve partecipano della maestria di un viticoltore di successo. Prima o poi questo piccolo e per nulla stupido arrivista potrebbe anche diventare pericoloso. Perciò due giorni dopo, al suo cospetto, riconoscete nobilmente che avete sbagliato tono, che nel complesso siete contenti di lui e che ha talento per la viticultura. E tuttavia, gli dite stavolta in tono un po' scherzoso, alla prossima occasione deve fare più attenzione con le bottiglie. Dopodiché sfoderate il sorriso di un nonno ormai avvezzo ai mali del mondo e assestate due o tre colpetti sulla spalla dell'apprendista, che adesso vi è affezionato con rinnovata e ancor maggiore ammirazione.

Anzi, il ragazzo ora pensa addirittura che la ferita nell'orgoglio avvertita con dolore dopo il vostro rimprovero sia stata un po' esagerata. Possibile che debba essere sempre così suscettibile? Dopotutto la vostra era una rabbia legittima, pensa ora, quindi si propone di essere un po' più attento, in futuro, quando riceverete ospiti.

Terza regola a proposito di scuse: le persone che solo di rado si trovano nell'imbarazzo di doversi scusare, con una scusa ben formulata incrementano la stima di cui godono. Scusarsi per un gesto, riconsiderandolo col senno di poi, può essere segno di magnanimità. Soprattutto se così facendo date l'impressione che le vostre scuse, in realtà, non fossero per nulla necessarie. In tal modo esse appaiono come una generosa concessione di fronte a pretese eccessive. Forse avevate ferito qualcuno. Ma colui che avete ferito ha ormai nei vostri confronti, ingannevolmente, la coda di paglia.

11.
Mostrarsi di quando in quando feriti

Rimanere feriti da una frase o da un gesto serve a poco. Dare l'impressione di esserlo, invece, è utilissimo. Giacché poche altre cose legano una persona a un'altra più della coda di paglia; e provocarla consapevolmente è indizio di grande arte.

Quando suonò il telefono, Stephan esitò per un attimo, incerto se rispondere. Il display non mostrava nulla, il numero era stato criptato, e così Stephan intuì subito che dall'altra parte del filo, in attesa di intrattenersi con lui, c'era sua madre. Non si sbagliava. Era la stessa di sempre, i suoi discorsi erano continuamente interrotti da esclamazioni tipo "eh, già" e "che ci vuoi fare!" pronunciate con un dolente accento renano, non del tutto scevro d'accusa. Papà, eh, già, non sta per niente bene, disse la madre. Sta seduto in poltrona e non dice una parola. È peggio che mai. Se ne sta fermo in qualche angolo della casa con l'umore a terra; solo di tanto in tanto brancola in cucina per procurarsi una fetta di formaggio o una bottiglia di birra.

Stephan presagì quel che irrimediabilmente sarebbe seguito: la lunga storia, dispiegatasi già nel corso di varie telefonate, del prepensionamento paterno. Per primo venne il racconto dell'ascesa del padre alle Poste, ai bei vecchi tempi, quando "i vicini si salutavano". Seguì il resoconto sulla scissione del settore telecomunicazioni dall'impresa statale, nella cui amministrazione il padre di Stephan mantenne ancora per qualche anno un posto divenuto inutile in seguito a certe misure di razionalizzazione, finché gli fu raccomandato a chiare parole di accettare una norma sul prepensionamento che implicava qualche svantaggio finanziario nel caso di un'ulteriore occupazione.

"Sai com'è fatto papà," disse la madre, "è qui che rimugina", e c'era anche quel mal di reni... Era preoccupata. E comunque contro quel prepensionamento si sarebbe dovuto agire per vie legali! Ma non c'è mai nessuno che ti aiuti...

"Andate da qualche parte!" disse Stephan. "Qualche giorno al mare o in montagna. Una volta viaggiavate, perché non riprendete a farlo?"

Stephan aveva avanzato spesso quella proposta, e la risposta fu quella già ricevuta innumerevoli volte. Non era possibile, per via dei dolori alla schiena sua madre non sopportava più tutte quelle ore in macchina. Il treno, d'altra parte, era diventato così caro. Avrebbero fatto di sicuro ancora qualche viaggio, ma non adesso. Invece, Stephan non aveva voglia di passare a trovarli? Un fine settimana, niente di più. Il prossimo, ad esempio. Papà sarebbe di certo contentissimo!

"Ci verrei volentieri," disse Stephan, ma si scusò adducendo un progetto preliminare che avrebbe dovuto ultimare entro due settimane; per quella ragione, disse, non aveva proprio tempo.

La madre tacque. Poi, a voce ostentatamente bassa, si disse delusa. E di nuovo a voce alta: proprio adesso che papà sta così male, una reazione così dura da parte del figlio – doveva proprio dirlo – non se la sarebbe mai aspettata!

Non voleva essere duro, è solo che doveva completare quel maledetto progetto, disse Stephan con una punta di rabbia.

È la stessa cosa che hai già sostenuto cinque settimane fa, disse la madre. Mi stai mentendo?, gli chiese poi. A quel punto Stephan udì un singhiozzo, sua madre gli chiese se poteva richiamarlo più tardi, in quel momento non riusciva più... E riattaccò.

E poi, ritornata padrona di sé all'istante, entrò con uno slancio non indifferente in soggiorno, dove il marito sedeva effettivamente in poltrona, invero alquanto divertito, poiché stava seguendo un'avvincente partita di campionato e si era accomodato con grande agio tra i cuscini, le gambe avvolte da una morbida coperta di lana. La moglie gli si fermò davanti sorridente, le mani puntate sui fianchi, e disse: "Stephan passa a trovarci la settimana prossima!" – "Che bella notizia," disse il marito, "sarà l'occasione per fare una passeggiata". Poi con un gesto sprezzante della mano pregò la moglie di tacere, perché stava per essere battuto un calcio d'angolo che avrebbe potuto decidere la partita.

Stephan, che doveva veramente completare un progetto preliminare per un seminario (ma il termine di consegna era solo quattro settimane dopo), camminava irrequieto per la stanza, infuriato con il piccolo mondo dal quale proveniva, così piccolo che ormai la sua esistenza e quella dei suoi genitori, dopo gli ultimi anni di studio universitario nella capitale, divergevano ampiamente. Simili a continenti lontani, pensò per un attimo, dove usi e costumi sono così diversi che un'intesa a suon di visite reciproche poteva maturare solo al prezzo di un'enorme fatica.

Per la maggior parte dei miei amici è diverso, pensò Stephan. Kirsten, ad esempio, la sua coinquilina. Sua madre è giornalista. Un tempo impegnata politicamente, oggi si trova spesso con Kirsten in cucina, bevono vino e lei le racconta della propria giovinezza, rispecchiandosi in quella della figlia. I conflitti tra di loro si risolvono con lievi battute. A volte la madre esorta Kirsten a non essere così brava e diligente. Il fatto è che sta con lo stesso ragazzo, un gioviale laureato in giurisprudenza, da ben tre anni. Non sarà innaturale?, le chiede. A quel punto madre e figlia ridono di gusto e brindano in calici panciuti. Di solito poi vanno insieme in un ristorante e lì proseguono il discorso sugli uomini, le teste chinate confidenzialmente l'una verso l'altra.

Stephan si avvicinò alla finestra chiusa. È inimmaginabile, pensò, che un giorno io possa sciorinare con tanta sincerità la mia vita interiore al cospetto di mio padre o mia madre. Guardò la strada a quattro corsie. Imbruniva, la maggior parte delle macchine aveva già acceso i fari.

Per i miei genitori è stata dura, pensò. Quell'angustia renana nella quale erano cresciuti, la mania, tipica di quei luoghi, di pulire e lavarsi oltre ogni ragione, il condominio tutto perfettino, il caffè americano mentre ovunque intorno a loro si beveva già espresso.

Ma quella vita gli sembrava solo apparentemente anacronistica; piuttosto, si disse, non aveva più nulla in comune con il mondo piccolo-borghese dei tempi andati. Si ricordò del nonno. Cinque anni prima, durante una delle sue flemmatiche passeggiate, lo aveva abbattuto un colpo fatale. Quelle passeggiate che negli ultimi tempi, per via di una malattia agli occhi (degenerazione maculare), riusciva a compiere solo a fatica, con l'aiuto del bastone, tastando il marciapiede davanti a sé e narrando a scatti la vita passata. La guerra, il caffè all'angolo, gli amici, la moglie morta ormai da molto tempo dopo una malattia fulminante, l'orgogliosa attività di elettricista, le riparazioni di certe linee, le sigarette fumate e l'acquavite bevuta con i clienti, a lavoro finito.

Quella vita da caffè all'angolo, pensò Stephan con lo sguardo immobile rivolto al flusso incessante del traffico, ai miei genitori è preclusa. A un certo punto, nel periodo in cui lui era ancora al liceo, il caffè all'angolo – alla cui parete esterna, come ricordò, era fissata una lavagna sulla quale con il gesso, in una calligrafia orribilmente tremula, si decantavano pietanze – aveva chiuso. Sulle vetrate, tappezzate dall'interno con carta di giornale, era attaccato ormai da chissà quanto il cartello "Affittasi", che il tempo aveva sbiadito.

I miei genitori, pensò Stephan portandosi le mani alla fronte, conducono una vita priva di socialità. In realtà, a pensarci bene, avevano solo lui. Colmo di vergogna afferrò il cordless e annunciò che sarebbe andato a trovarli. Sua madre disse: "Ma che bella sorpresa!".

Com'è utile, ogni tanto, mostrarsi offesi per raggiungere un certo scopo! Si dovrebbe vivere in modo da poter sempre presentare agli altri un conto in sospeso; sapere di avere dei debitori significa essere potente. Non di rado i genitori ne fanno una vera arte. Ma è senz'altro una strategia di cui far tesoro anche nella vita professionale. Se un collega ci fa notare con troppa irruenza un errore o una piccola disattenzione, per guadagnarci rispetto non dobbiamo replicare subito e con altrettanta foga. Possiamo invece opporgli un'espressione profondamente offesa, il che a volte ha un effetto assai più dirompente. L'avversario, che a quel punto crederà di essersi comportato in modo inadeguato, potrebbe esserne confuso a tal punto da abbandonare il nostro ufficio con la spiacevole convinzione di aver aperto un conto che, chissà, un giorno potrebbe anche ritorcerglisi contro.

12.

Saper assestare un colpo

Poco prima dell'inizio di un convegno sul *Decameron* di Giovanni Boccaccio, l'allegra brigata dei relatori si trovava in un salone delle feste dell'università. Tra di loro vi erano un anziano docente, il professor Meierwitz, e un giovane e ambizioso ricercatore. Per umiliare il giovane, incline a formulare teorie audaci, il professor Meierwitz pronunciò le sconvenienti parole: "Allora, caro collega, ci molesterà anche oggi con le sue dubbie teorie?". Poi scoppiò a ridere forte e si guardò intorno cercando consenso con gli occhietti orlati dalle ciglia rossicce.

Il giovane non disse: "E lei, caro collega? Ci annoierà anche oggi con le osservazioni che sciorina instancabilmente da ormai trent'anni sul rapporto di Boccaccio con il mondo cortese?", oppure: "Si lancerà di nuovo in uno dei suoi interventi notoriamente prolissi, che inducono i suoi colleghi specialisti a infilarsi sbadiglianti le dita nel naso e che ormai non interessano più neanche ai sassi?". No, il giovane ricercatore non disse così. Il giovane ricercatore reagì con spirito – una buona arma –, dicendo di trovare fantastico che Boccaccio, quel classico italiano, avesse creato un'opera capace, con ogni evidenza, di scaldare ancora gli animi. Che non fosse tuttavia più proficuo, dal momento che il convegno sarebbe iniziato solamente di lì a mezz'ora, rinfrescarli insieme con un aperitivo? – e indicò un tavolo su cui si trovavano alcuni calici di spumante. I presenti risero tossicchiando, grati del fatto che per il momento l'atmosfera fosse stata riportata a un livello di più sobria serenità.

A proposito, questo è un esempio perfetto di come ci si difende da un attacco: non si deve mai partire al contrattacco se non ci viene in mente nulla d'intelligente. Repliche confuse, esplosioni smodate di rabbia e reazioni simili sono sempre assai sgradevoli. Se non ci viene in mente nulla d'intelligente, bisognerebbe roteare gli occhi per un attimo, affinché i presenti riconoscano l'inopportunità dell'attacco, e tacere.

Il giovane ricercatore, che tra l'altro era di umili origini e aveva sempre nutrito un certo risentimento per i tradizionali rapporti di potere, si rivalse in coda all'intervento di Meierwitz, il quale, come si ebbe a notare, risultò davvero assai verboso e fu applaudito più per abitudine che per vero entusiasmo. Seguirono le usuali domande al relatore, e il giovane ricercatore, con una concentrazione affinata dalla fame di vendetta, escogitò una replica talmente insidiosa da gettare il professor Meierwitz in uno sgradevole imbarazzo; al punto che impallidì, ripiegò gesticolante su luoghi comuni e raccolse gli sguardi compassionevoli del qualificato pubblico. E questa è una cosa che fa soffrire un relatore molto più della nuda antipatia.

Ecco dunque cos'è sempre importante: riconoscere le debolezze altrui. Quale disappunto s'impossessa delle persone vanitose quando è messa in dubbio la loro bellezza! Com'è toccato nel vivo chi si ritiene intelligente se è messo di fronte alla propria ristrettezza mentale! E gli orgogliosi, se si vedono costretti a una condotta maldestra! Ogni persona ha un punto particolarmente vulnerabile, riconoscerlo è indice di accortezza. Bisogna saper toccare ciascuno nella sua debolezza, la sua eterna e multiforme vanità è il suo tallone d'Achille, lì è il suo irredimibile bisogno di riconoscimento. Il giovane ricercatore intuì molto giustamente che il signor Meierwitz non era più considerato ormai da un pezzo il corifeo della sua disciplina. Lo era stato forse ancora sette o otto anni prima, quando, attivo e trafficone com'era in ogni sorta di organo accademico, passava per un peso massimo della politica universitaria. Ma fino a quel giorno non aveva mai ammesso il declino del proprio potere.

E per quanto in questa storia saper assestare un colpo sembri facile, in realtà è una grande arte. Poiché si tratta sempre di gabbare qualcuno senza dare agli altri l'impressione di avere un brutto carattere. L'artista della dissimulazione è ben attento a far sì che i suoi dardi avvelenati appaiano come repliche giustissime e quasi gentili all'altrui cattiveria.

Per il resto è bene far tesoro di un detto latino: "Nisi caste, tamen caute". Se non vuoi agire castamente, fallo almeno di nascosto. Altrimenti tutti diranno, atteggiandosi a puri: "Che persona immorale!" e scuoteranno la testa con disapprovazione. Bisognerebbe tener sempre presente il cuculo, questo volatile meraviglioso. È capace di deporre, non visto, il suo uovo in un nido estraneo dopo averlo reso simile per forma e colore alle altre uova. E l'implume non fa in tempo a nascere che già caccia di casa i fratellastri nascituri. E inganna abilmente i genitori affidatari, giacché le sue grida somigliano al richiamo collettivo di un'intera covata. Poi però spalanca il becco tutto solo e viene nutrito ben bene.

Il cuculo è un lottatore solitario e come tale simboleggia alla perfezione il destino dell'artista della dissimulazione dei nostri tempi, poiché, a dispetto di una tradizione secolare dell'intrigo, non esiste quasi più il complotto ordito da più cospiratori uniti da un'intenzione comune. Oggi le reti sociali sono molto più labili e mutano i propri membri in continuazione, ben prima che si possa architettare un piano con il loro ausilio. Certo, ieri come oggi vale la regola fondamentale per cui il nemico del nostro nemico deve diventare sempre nostro amico, e in casi sporadici si trovano ancora dei complici, ma spesso gli interessi di ciascuno sono troppo diversi.

L'arte di assestare un colpo è l'arte di pensare partendo dalla fine. Non si può certo dire che il giovane ricercatore abbia restituito il colpo in modo precipitoso; ha invece atteso l'occasione favorevole. Bisogna occultare il proprio intento e giocare l'ultima carta solo quando porterà a vittoria certa. Baltasar Gracián notava a ragione che talvolta raggiungiamo il nostro obiettivo solo "in ampi spazi di tempo". E quest'accortezza nel saper aspettare è la prova più bella di come la diabolica rivolta dell'artista della dissimulazione, la sua autoaffermazione in un ambiente ostile, abbia elevato il suo intelletto.

Sopra tutto ciò, tuttavia, regna il seguente principio: grande sovranità sarà attribuita a colui che, agli occhi altrui, non ha mai bisogno di assestare un colpo.

13.
Saper incassare

Non si può vincere sempre. È bello, d'altra parte, se le sconfitte avvengono di rado. Ma come comportarsi la volta che si perde?

Un insuccesso professionale è altrettanto doloroso di un amore teneramente confessato, ma non corrisposto. E quante volte abbiamo visto qualcuno, già mortificato, peggiorare ulteriormente la propria situazione reagendo in modo irritato, nervoso, irrequieto!

Dopo aver appreso che il suo contratto non sarebbe stato rinnovato, il giovane architetto Stephan Karst si recò per l'ultima volta sul posto di lavoro, nel grande ufficio di uno studio di architettura, per smaltire le carte rimaste. Si guardò intorno, vide i colleghi che, dietro occhiali dalle montature in gran parte nere, alternavano operosamente lo sguardo tra schermi e disegni. Passandosi le mani tra i capelli tagliati di fresco, Stephan Karst urlò che era contento di non rivedere mai più quel posto di merda. Poi si sedette alla sua scrivania, cestinò febbrilmente tutte le e-mail, spense il computer, infilò un po' maldestramente in borsa due raccoglitori e sbraitò di nuovo: "Posto di merda!".

Non riscosse la minima approvazione, i colleghi si limitarono a scambiarsi brevi sguardi imbarazzati, uno tossicchiò, la segretaria si alzò come se niente fosse e si diresse a passi rapidi verso il bagno. Solo un collega anziano, che nel periodo trascorso lì dentro gli era stato sempre molto affezionato, raggiunse Stephan Karst e gli posò una mano sulla spalla. Gli dispiaceva, disse, e gli augurò ogni bene. Era ancora giovane, aggiunse, il mondo era pronto ad accoglierlo. Poi lo accompagnò fuori dall'ufficio.

Un'entrata in scena plateale piace se è coraggiosa, non se è disperata. "Posto di merda!", dapprima quest'urlo fu accompagnato da un sentimento di trionfo. In quel momento Stephan Karst si cullava nell'ingannevole certezza di mostrare ai suoi colleghi come stavano le cose: non solo indovinava il loro timoroso asservimento, la loro prona fedeltà allo studio di architettura, ma lo disprezzava pure!

Già sulla via di casa, tuttavia, seduto in metropolitana, circondato da bambini di ritorno da scuola che si spintonavano chiassosi e irrequieti nel vagone, non era più tanto sicuro che la sua uscita di scena fosse stata così fiera come se l'era raffigurata inizialmente. Dapprima lo colse soltanto un lieve dubbio: forse aveva reagito in modo troppo brusco? Poi respinse quel dubbio e si disse, Ma sì, insomma, non ci si può mica sempre controllare. Alla fine però, fregandosi il mento con ansia, vide in tutta chiarezza l'umiliazione procuratagli da quello sfogo sovreccitato: i colleghi erano rimasti così sgradevolmente distaccati!

Poche cose sono più disonorevoli della vergogna che altri provano per noi. E la sconfitta di Stephan Karst trovò la più disastrosa conferma nella compassione dell'anziano collega che gli posò la mano sulla spalla. Stephan Karst, con quelle immagini fin troppo chiare davanti agli occhi, si scosse brevemente, come riavendosi da un brutto sogno.

È chiaro che il nostro giovane non avrebbe potuto comportarsi in modo più maldestro. Giacché in molte sconfitte vi è già il seme della vittoria – purché gli si permetta di maturare. Due mesi dopo l'indegna dipartita di Stephan Karst, due suoi colleghi, Olaf Herse e Frank Stretz, risolsero il loro rapporto di lavoro per mettersi in proprio. Gli stipendi non erano così buoni da indurli a sottomettersi tutti i santi giorni alla rigida organizzazione di un'impresa: la levataccia di prima mattina, le continue riunioni, la spossatezza al termine di ogni alienante giornata di lavoro. Abbandonarono gli abiti interi, comprarono scarpe da ginnastica e presero in affitto un vecchio locale commerciale, un po' mal ridotto, ma che emanava a bella posta l'aura dell'incompletezza. E che vita iniziò da un giorno all'altro! Ottennero rapidamente incarichi meravigliosi, potendo sfruttare importanti contatti stabiliti nel corso dell'impiego fisso. Inoltre il padre di Olaf Herse era un politico locale e amico intimo di alcuni imprenditori.

Adesso i due amici dormivano a piacimento, e durante la giornata lavoravano con alacrità; la sera passava da loro un deejay che trasformava il piccolo ufficio dei due liberi professionisti in una pista da ballo: donne e alcol nobilitavano le ore del dopo lavoro. Persino la stampa locale parlò dei due "giovani creativi di successo". E un bel giovedì pomeriggio, mentre il sole penetrava dalle grandi finestre illuminando i loro volti lieti, Olaf Herse e Frank Stretz ottennero l'approvazione di un progetto per il quale si erano candidati mesi prima: la costruzione di un locale mensa in vetro per un liceo classico! Purtroppo al momento non avrebbero potuto realizzarlo neppure con il massimo sforzo, poiché erano sommersi di lavoro e lo sarebbero stati per un pezzo.

Per farla breve: se volevano accettare quell'offerta assai lucrativa, dovevano ampliare l'ufficio con una terza persona. Per prima cosa i due amici bevvero un espresso, poi stapparono una bottiglia di vino, un bordeaux Saint Estèphe, brindarono e si consultarono su chi si sarebbe potuto aggregare. Frank Stretz scherzò: "Che ne diresti di Stephan Karst?". A Olaf Herse venne da ridere al punto che il vino gli andò di traverso: "Come no," disse, "se poi dorme male è capace di distruggerci la mensa".

Proseguendo la discussione, tuttavia, un poco lo compatirono davvero, Stephan Karst. Perché ovviamente non era un cattivo architetto; è che il loro ex-capo non rinnovava più il contratto di quasi tutti quei collaboratori che a un certo punto avevano maturato i requisiti per un impiego a tempo indeterminato. Sulla sua scrivania giravano sempre domande d'assunzione a sufficienza, e l'inizio di un nuovo lavoro è il momento in cui la gente è più motivata. Perché dunque rinnovare i contratti degli altri?

Ma Stephan Karst non aveva considerato che, in generale, un'uscita di scena dignitosa è molto più importante di un'entrata in scena tra gli applausi. E nello stesso periodo in cui i suoi due excolleghi pensavano al terzo uomo, lui se ne stava a letto, troppo stanco per iniziare la giornata, foss'anche nel primo pomeriggio. Era incapace di preparare una qualsiasi domanda d'assunzione, nonostante l'antidepressivo che gli aveva prescritto lo psicologo e che avrebbe dovuto ridestare la sua voglia di vivere.

Pensava alla gloria di un tempo. Tutto era iniziato così bene! Nel duro mercato degli architetti si era distinto fin da subito. Quando ancora studiava all'università, Stephan Karst aveva vinto un ricco premio, offerto da una banca, per il progetto preliminare di un ardito complesso di case a schiera. In quell'occasione aveva tenuto la sua *laudatio* un noto professore di architettura dai capelli radi, che aveva parlato del futuro dell'architettura tedesca e della comunicazione tra casa ed essere umano. Dopodiché Stephan Karst era salito su quello stesso palco riccamente ornato con bouquet floreali, aveva presentato con piacevole timidezza il modello del suo ardito complesso di case a schiera e poi, mentre risuonava l'applauso, gli era stata consegnata una scultura astratta, somigliante solo molto vagamente a una casa, che un artista aveva creato appositamente per quel premio. Stephan Karst ricordò con pena gli sguardi orgogliosi dei genitori, di origini modeste, che quel giorno sedevano eccitati tra il pubblico.

Il destino di Stephan Karst dovrebbe servirci da esempio ammonitorio di questo principio: ogni sconfitta va incassata con una tale dignità da valere già come parte integrante del contrattacco. Poiché, se egli avesse tranquillamente impacchettato le sue cose in ufficio, bevuto un'ultima birra con i colleghi e simulato un umore smagliante, la sua affermazione per cui in realtà aveva comunque intenzione di licenziarsi – ah, stupido impiego fisso! – sarebbe apparsa credibile; e magari, più tardi, Olaf Herse e Frank Stretz lo avrebbero voluto con loro.

D'altra parte a questo punto non taceremo certo che Olaf Herse e Frank Stretz, dopo due anni di attività in proprio, a causa di una crisi generale del settore edile si trovarono in gravissime difficoltà. Si misero a redigere, zelanti, domande d'assunzione a tempo indeterminato; tuttavia l'obiettivo, come si può immaginare, non fu immediatamente coronato da successo. Ma questo fatto non sminuisce in nessun modo la lezione della nostra storia.

PS. Tutto ciò vale anche nelle faccende d'amore. Chi confessa timoroso il proprio affetto a una donna dicendole "Ehm, sai una cosa, tu mi piaci molto," per sentirsi replicare "Anche tu. Ma ti prego, non fraintendermi, più che altro come amico," non può certo reagire con ira o con troppa freddezza. Ma sia sempre padrone di sé. Nel volto del respinto dovrà potersi riconoscere solo lontanamente una sospirosa tristezza, un orgoglio che sconvolgerà nell'intimo la donna adorata. Quanto spesso, infatti, il vento cambia solo dopo il primo no! La sgradevole tensione che regnava in precedenza e che traeva origine dalla mancata chiarezza sulla natura della relazione, per il momento sembra dissolta: si è imposto il principio del "restiamo amici". E così, per brindare all'amicizia, si ordina un altro bicchiere di vino. Poi un altro ancora. Si ride. E inavvertitamente i corpi si ritrovano davvero l'uno addosso all'altro.

Chi invece si allontana con sdegno e anzitempo dalla scacchiera dell'amore è un cattivo perdente; senza dubbio avrebbe ancora potuto vincere.

14.
Abbagliare

Tutti abbagliano. Il controllore in treno che, dopo vari corsi di gentilezza, ultimamente vi augura sempre una "buonissima giornata"; gli sguardi fiduciosi dei politici sui manifesti realizzati dalle agenzie di pubbliche relazioni; il buonumore dei colleghi in ufficio; il consulente bancario che s'informa gentilissimo sullo stato di salute dei vostri figli e pochi minuti dopo preme per un fido rimborsabile a rate, mentre una collaboratrice in abiti succinti vi si fa intorno per versarvi del caffè.

Resta sempre l'incertezza se i gesti corporei obbediscano a una cortesia istintiva o a una consapevole tattica di lusinga. Nel dubbio, sapendo che la prima dev'essere simulata, optate per la seconda. Non mostrate mai apertamente la vostra diffidenza, vi conferirebbe un'espressione scortese; mantenete maniere gradevoli, una cordialità quasi ingenua. Ma i vostri sensi siano sempre all'erta, come quelli di un tiratore dagli undici metri.

Tutti abbagliano. Abbiamo ascoltato la storia del viticoltore che accresce il proprio potere attraverso scuse ponderate; dell'architetto Stephan

Karst, che va malamente in collera anziché scorgere già nella sconfitta la possibilità del contrattacco; del giovane ricercatore che irride con spirito un esimio professore; della madre che, facendo venire la coda di paglia al figlio, lo chiama a sé.

La maggior parte delle persone abbaglia mentendo; e non s'inganna mai asserendo la verità. Ma il culmine dell'arte della dissimulazione si raggiunge solamente quando si ha la perfetta padronanza di entrambe le strategie.

Se incontrate qualcuno che è diffidente come voi ed è quel che si dice un grande artista della dissimulazione, dovete agire con particolare accortezza. Egli tenterà con ogni astuzia di scoprire la vostra principale inclinazione, per poi approfittarne. Vi lusingherà con dovizia di parole affinché gliela riveliate. Cercherà il segreto che gli servirà da pegno.

Lavorate come giornalista per un mensile di cultura. Una mattina, poco dopo il risveglio, vi pare che sia sorto il giorno più tetro di tutto l'inverno. Se solo un minuscolo varco fendesse le nubi, affinché un esile raggio di luce rischiari compassionevole i volti – ah, invano si aspetta da settimane un siffatto conforto! La vista oltre la finestra: un brutto miscuglio di pioggia e neve si riversa sui passanti, che rivolgono sguardi sofferenti a voi che state al coperto, mentre si affrettano pallidi al lavoro, gli spessi cappotti a coprire le fragili membra. Che ore siano, si vede soltanto sull'orologio; di mattina, a mezzogiorno e nel tardo pomeriggio la cupezza è sempre la stessa. E solo l'oscura notte ha la pietosa costanza di attirare in dolci sogni colui che abbisogna di sonno, strappandolo per poche ore alla fosca melanconia che lo mantiene a un passo dal disprezzo del mondo.

Quel mattino salite a fatica, controvoglia, sul tram che vi conduce in redazione. A bordo, in un primo momento siedono solo madri con bimbi striduli, innervositi dal gelo, pensionati che maledicono i propri reumatismi e figure di ogni età intente in orribili, confusi soliloqui. D'inverno questa città mostra il suo vero volto: tutti vivono, vi pare, soltanto per ostinazione.

Dopo tre fermate, guarda caso, sale proprio il vostro collega Heiko Wenzel, redattore di un giornale scandalistico poco stimato ma molto venduto; vi individua all'istante ed esclama: "Ah, mio caro amico!". Si siede bellamente accanto a voi, impreca ad alta voce e, facendosi una risata sul brutto tempo, fa alcune osservazioni – che trova piene di spirito – su un talk-show visto la sera prima, dove un certo ospite si era comportato in modo sconveniente; poi, con uno sguardo sinceramente interessato, dice di aver sentito da un amico che state lavorando già da tempo a un articolo sull'attore Walter Sindman e anzi, che avete avuto la fortuna di intervistarlo più volte, quel divo riservato che nessuno riesce mai ad avvicinare... E senza aspettare la vostra replica, prosegue dicendo che corre voce che Sindman abbia intenzione di trasferirsi in Germania con quella bellezza abbagliante della sua signora, no? E a quel punto, come en passant, vi chiede che cosa ne pensate, di quella voce.

Gli rivolgete un'occhiata atterrita: "No, non è affatto vero! Sindman non si trasferisce in Germania!". Lo sapete con certezza, gli dite, ne avete parlato con lui solo ieri, e Sindman ha negato. Dite tutto questo in preda a una grande eccitazione, balbettate appena, cercate persino di cambiare argomento in modo un po' impacciato e, dopo esser scesi insieme al vostro collega a una fermata del centro, vi congedate rapidamente e quasi in preda al panico. Wenzel vi saluta con una risata che suona beffarda.

La mattina dopo sfogliate i giornali al tavolo della cucina. La testata di Wenzel annuncia un fatto sensazionale, è ormai il primo tra i giornali scandalistici a urlare titoli poco fondati: "Sindman si trasferisce in Germania".

Guardate fuori dalla finestra, è sempre uguale: il tempo più grigio che si possa immaginare. Ma quel giorno vi sentite un po' meglio. Perché tutti abbagliano. Ma voi abbagliate tutti, poiché ogni tanto dite la verità.

15.
Manifestare sdegno morale

Immaginate un uomo, il suo nome è Sebastian, il quale, dopo un lungo periodo senza legami, s'innamora follemente. Quante serate ha trascorso davanti alla televisione, scosso da una segreta irrequietezza, cercando di distrarsi, quante volte è passato da un locale all'altro della città con il suo miglior amico, Christian (anche lui di professione programmatore), parlando di questo e quello, per lo più di beni immobili o di lavoro, mentre il suo sguardo esplorava furtivo le donne nei bar.

Un venerdì sera, dopo aver ordinato la terza birra, i due amici ripresero come d'abitudine a discutere dei prezzi delle abitazioni, di come si sarebbero sviluppati in questo o quel quartiere, quando il loro tavolo, come animatosi, si mosse con violenza, poiché qualcuno passando – il locale era pienissimo – doveva averlo usato come appoggio. "Ehi!" esclamò Christian indignato. Si accorse troppo tardi che la persona apostrofata era una donna, la quale a quell'esclamazione si voltò sfoderando un sorriso di scuse che lo ammutolì all'istante.

Se si escludono gli incontri più fugaci e insignificanti, è assai raro fare conoscenza con uno sconosciuto in un bar. Eppure i due amici erano destinati a conoscere più da vicino quella donna quasi sbandata, che il tavolo aveva preservato da una caduta. Infatti, quando fu di ritorno dalla toilette, Christian le offrì una birra con il pretesto di scusarsi per il suo "ehi" indignato. E la donna poiché lui infiorettò la richiesta con un ventaglio di osservazioni scherzose, non disse di no. Ma spiegò subito che si sedeva con loro anche perché la sua amica le aveva tirato un bidone. In realtà stava per abbandonare il locale.

Certi argomenti sono sempre un buon avvio della conversazione: parlarono della città in cui vivevano, dei bar, dei ristoranti, di qualche quartiere cittadino e delle sue caratteristiche. Ovviamente si giunse presto a discorrere anche di attività professionali. Kirsten, questo il nome della donna, da quando aveva finito l'università organizzava concerti, in prevalenza per gruppi jazz dei dintorni.

Sebastian la osservò attentamente, vide come accompagnava le sue forti risate passandosi sempre un po' troppo in fretta la mano destra tra i capelli, e notò che aveva un incisivo appena più corto dell'altro; era questa, gli parve, la sua unica pecca, poiché per il resto appariva perfetta. Ma quel minuscolo difetto, a ben vedere, le conferiva un fascino straordinario. Gli piacquero anche le sue dimostrazioni di entusiasmo per vari stili jazz – hard bop, cool jazz, fusion – sciorinati con lieve frenesia. Di tutto ciò lui capì poco, ma quanto bastava per innamorarsi fatalmente.

A dispetto dell'eccitazione, Sebastian s'inseriva solo di tanto in tanto nella conversazione, per lo più con commenti sforzatamente spiritosi su ciò che si era appena detto. Ma capì presto, con grande disappunto, che Christian e Kirsten si guardavano negli occhi più a lungo di quanto quell'innocente dialogo richiedesse e anzi, a quanto pareva non lesinavano neppure casuali contatti corporei. Quando uno dei due saltava fuori con un aneddoto, la mano dell'altro andava già a toccargli la spalla, e così via. Reprimendo la delusione e adducendo a pretesto la mattinata piena di lavoro che lo aspettava l'indomani, Sebastian si congedò e se ne uscì nella notte primaverile.

Rivede Kirsten per caso. Dal panettiere, due settimane dopo, verso mezzogiorno. Grazie alle insopportabili vanterie di Christian, Sebastian sa che ogni tanto s'incontrano. È iniziata una liaison, ma ancora poco chiara, perché Christian ha una ragazza e adesso, apparentemente soffrendo, tentenna un po' tra le due senza che l'una sospetti l'esistenza della rivale.

Sebastian chiede a Kirsten se ha voglia di bere un caffè. Lei sorride e scopre l'incisivo un po' troppo corto: "Perché no!".

Nel bar, dove, a parte una donna anziana immersa in un soliloquio, sono gli unici clienti, Sebastian osa metterla in guardia, alla maniera di un buon vecchio amico. Procede tastoni, oltremodo contorto, però il tradimento è palese: Christian ha già da anni una relazione fissa. In realtà non avrebbe voluto dirglielo, aggiunge subito, ma insomma, non trova giusto che lei, Kirsten, venga usata in quel modo per puro divertimento e senza serietà.

Ah, chi dubiterebbe che Sebastian con questa rivelazione non si sia comportato con vera abilità! Simulare sdegno morale esprimendolo molto cautamente, con ogni sorta di tortuosità, e dare così un'impressione di assoluta autenticità... Ma non poteva certo immaginare che anche Kirsten, e già da molto tempo, ha un legame (con un avvocato abbastanza a posto), una relazione alquanto grigia. Sicché a quel punto la ragazza scoppia a ridere forte, paga in fretta e, adducendo a pretesto un pomeriggio pieno di lavoro, abbandona il locale, non senza congedarsi da Sebastian con uno sguardo chiaramente canzonatorio e non privo di commiserazione.

Chi intende manifestare sdegno morale prenda nota: prima di fare considerazioni etiche, si faccia sempre un'indagine preliminare. Si tratta di scoprire se l'arma è adatta al bersaglio. Giacché vi sono persone la cui scaltrezza, com'è giusto, è tale da indurle a trattare gli sdegni morali con grande diffidenza. Lo sdegno morale, infatti, è stato sempre utilizzato anche per giustificare ogni sorta d'infamia: l'Inquisizione, il Comitato di salute pubblica, le confessioni estorte sul tavolo di tortura. Lo sdegno morale nasconde per lo più un interesse diverso da quello che dà a intendere.

16.
Abbandonare la festa al momento giusto

Un grande pregiudizio in fatto d'alcol è l'affermazione per cui il suo consumo offuscherebbe le facoltà cognitive. Chi sostiene una cosa simile si è dato ben di rado alle grandi bevute, probabilmente non ha mai abbandonato un party barcollando orribilmente, di certo non si è mai trovato su un divano altrui a limonare, palpeggiandola, con una lontana conoscente.

No, è vero il contrario: assunto in grandi dosi, l'alcol non offusca in nessun modo le facoltà cognitive, anzi, a volte le acuisce gradevolmente. Viviamo sempre più abbacinati in uno stato di sobrietà, e anche per questo bere è un vizio pericoloso: perché porta alla luce disposizioni d'animo che fino a quel momento sonnecchiavano in noi allo stato di meri presentimenti.

Quanti amori sono andati a rotoli solamente nel momento in cui alla donna, durante una festa molto alcolica, si è rivelata in tutta chiarezza il triste stato della propria relazione! Anja, per esempio. Naturalmente anche da sobria le è già capitato di prendersela per alcune disattenzioni di Timo, il suo ragazzo, che sembra pensare soltanto a se stesso da quando il suo piccolo bar, aperto pochi mesi fa in un quartiere della città poco frequentato, ha ottenuto un sorprendente successo.

Nonostante i consigli degli amici, Timo aveva abbandonato gli studi di biologia, che si trascinavano ormai da troppo tempo, ed espresso in un primo momento la vaga idea di mettersi in proprio. Un giorno però aveva preso davvero una decisione grande e, gli parve, irrazionale, che aveva sbalordito Anja: aveva affittato una vecchia osteria all'angolo, sempre vuota, e l'aveva trasformata in un lounge-bar per le mamme del quartiere. E queste ultime ne hanno fatto veramente un punto d'incontro dove recarsi coi bambini e scambiarsi opinioni su educazione, scuole materne e marche di scarpe da ginnastica. Sullo sfondo scorrono, con gran diletto delle donne, le canzoni intonate con voce lasciva da una cantante francese ormai celebre in tutto il mondo. Un successo pieno, in tutto e per tutto, che però, crede Anja, ha generato in Timo un'autoconsapevolezza al limite dell'accecamento, per cui non capita più, come una volta, che si presenti spontaneamente con un pensiero per lei, foss'anche un banale ovetto Kinder. Figurarsi un buon vino, che in tempi migliori avrebbero bevuto insieme a letto, sollazzandosi. Invece Timo trascorre tutto il tempo al bar fra quelle mamme, il che arreca ad Anja un dolore duplice, poiché le procura un inconfessato desiderio di maternità.

Ora, già da un pezzo, ben prima del successo

con il bar, solo di rado Timo si presentava con un pensiero per Anja. È che spesso, come in questo caso, le relazioni vanno a rotoli anche perché uno dei due intraprende un drastico cambiamento di vita, volontario o casuale, in meglio o in peggio. Allora l'equilibrio finemente calibrato che governa il rapporto di forze tra gli amanti viene meno, si sbilancia a svantaggio di uno dei due, e molto presto quest'ultimo si mette a indagare i motivi per i quali non si va più d'accordo. E di motivi ce ne sono sempre, motivi che non fanno che occultare quanto ostacola davvero il proseguimento della relazione: di punto in bianco l'amor proprio del più debole si trova a scontare una dolorosa insoddisfazione, e allora si comincia a dire che l'altro è arrogante, disattento ecc.

Ma la sonnecchiante insoddisfazione di Anja nei confronti del ragazzo si dispiega con forza solo durante una festa alla quale si recano insieme, la festa di compleanno di Verena, la loro miglior amica. Dopo aver bevuto due birre, tre bicchieri di un rosso d'infima qualità e, come se non bastasse, due di acquavite...

Alt. Non vogliamo precorrere gli eventi. In realtà la serata inizia in un clima abbastanza buono. Timo, infatti, è rientrato dal bar prima del previsto, e questo ad Anja fa molto piacere. Poi però le tocca starselo a guardare mentre, dopo una cena consumata in piedi e alla svelta in cucina, con la scusa di dover scrivere ancora qualche e-mail – ma avrebbe fatto presto! – lui accende il suo portatile.

Durante il viaggio in metropolitana verso casa di Verena, i due siedono pigiati l'uno contro l'altra, Anja in un vestito brioso, dalla fantasia variopinta, Timo con una giacca leggera, in ironico contrasto con la maglietta aderente che ha sotto e un paio di jeans un po' troppo lunghi. Anja gli osserva il mento, che da qualche tempo Timo si rasa ormai di rado – evidentemente in virtù di considerazioni modaiole –, ma che a lei, visti quei quattro peli che gli crescono, pare poco meno che ridicolo.

Inoltre trova che ultimamente esageri un po' con il profumo. Di certo lo strascico di tutte quelle spruzzate aggredisce le narici degli altri viaggiatori alla stregua di un odore molesto.

Anche a causa di queste osservazioni fatte in metropolitana, le loro strade si separano rapidamente alla festa, già alquanto animata al loro arrivo: grandi risate, chiacchiere e, nel soggiorno sgomberato, frenetiche danze.

È difficile ricostruire che cosa esattamente abbia spinto Anja, all'una del mattino, ancora in piena festa, a mollare un violento ceffone a Timo mentre parlava con un'altra persona – il che, come si può immaginare, avrebbe fornito per varie settimane materia di conversazione agli ospiti presenti allo spettacolo, dando adito a voci di ogni genere.

La sciagura iniziò dunque con due birre. Dopo che le ebbero bevute in cucina con Verena e il suo ragazzo Andreas, giunto appositamente dalla Renania (un uomo grassoccio spiccatamente frivolo e scherzoso), Anja si recò in bagno e, passando per il soggiorno, si accorse con lieve stupore che Timo ballava, cosa che faceva assai di rado. E non era per nulla impacciato.

Anja tornò in cucina, dove Andreas, che la stava aspettando, le porse un bicchiere di vino e raccontò, gesticolando di eccitazione, fatti poco degni di nota, robe sui Merovingi su cui stava scrivendo la tesi di dottorato. Così poco dopo Anja si ritrovò nello studio della padrona di casa: anche lì era pieno d'invitati, intenti in animate conversazioni, e c'era anche Timo. Sulle prime parve confuso alla vista di Anja, come se si fosse dimenticato di lei, poi le presentò la sua interlocutrice: Sabine, una donna sulla trentina, alta e con un trucco eccessivo, o così parve ad Anja, che quando le vide le scarpe a punta non poté trattenere una sonora risata. Timo spiegò a bella posta, certo per indispettire Anja (ma con affetto, senza cattiveria), che aveva conosciuto Sabine poco prima, mentre ballavano. Peccato che lei, Anja, avesse preferito restare in cucina a chiacchierare! Ballava così volentieri con lei! Sabine sorrise con schiettezza.

Anja, presto stanca di quel punzecchiamento, disse che la sua migliore amica, Verena, l'aspettava in cucina. Poi uscì dalla stanza reprimendo a fatica il malumore, senza degnare Timo di un gesto o una parola di saluto. In cucina non c'era però Verena, bensì, come per guastare del tutto il suo umore, il solito Andreas, che zelante le cacciò subito in mano un secondo bicchiere di vino e si mise a raccontarle, per quel che riuscì a capire, della sua ex-compagna Maria e del loro figlio, che lui purtroppo poteva vedere solo di rado. Anja guardava i suoi occhi vitrei e le mani, che, infervorate dal discorso, gesticolavano qua e là come staccate dal resto del corpo.

Anja era di fronte a lui, le braccia conserte; barcollava lievemente e si fingeva attenta, incapace di cercarsi un altro posto, fissata ormai – dopo due birre e un bicchiere e mezzo di vino – su un unico pensiero: Timo le aveva rovinato la vita. Stavano insieme da dieci anni, adesso lei ne aveva trentacinque. Che vita di merda, trascorsa tra i party più squallidi con quell'arrogante caffettiere! Tutto ruotava sempre intorno a lui. Sempre solo lui. Prima gli studi interrotti tra grandi crisi sul senso della vita, poi quel suo lungo periodo sprecato in considerazioni orribilmente inconcludenti su chissà quali progetti d'indipendenza; e poi i problemi idioti con i suoi genitori, che s'immischiavano in continuazione nel loro rapporto. E adesso eccolo lì sicuro di sé, ottenebrato dal successo, con quel suo Caffè Zampano! Caffè Zampano, ripensando a quel nome le venne da ridere, di un riso forte e amaro. Andreas la guardò atterrito, perché in quell'istante le stava raccontando del proprio divorzio e si aspettava piuttosto uno sguardo compassionevole.

A quel punto finalmente entrò in cucina Verena, ancora infiammata dalle danze. "Allora, ve la state spassando?" – "Gran bel party, Verena," disse Anja, strappata insperatamente dai suoi foschi pensieri, "ma ho un sonno pazzesco. Mi sa che è meglio se vado a casa." – "Ah, mi spiace", rispose l'amica in un tono affettuoso e l'abbracciò. "Ma prima che tu vada ci beviamo un'acquavite."

L'acquavite, com'è facile capire, non rasserenò in alcun modo l'umore di Anja. Neanche il secondo bicchiere. E quando poi, ormai barcollando paurosamente (per poco in corridoio non inciampò in una bottiglia), Anja localizzò di nuovo il bagno, con la coda dell'occhio vide Timo che s'intratteneva ancora e più vivacemente che mai con Sabine, mentre lei gli toccava il braccio con perfetta nonchalance. Incalzata dall'alcol e traboccante di brutti ricordi degli anni che credeva sprecati, Anja si precipitò nello studio, si portò davanti alla coppia, che parve sorpresa, e senza una parola di spiegazione mollò un violento schiaffo a Timo. Questi, con mezza faccia già arrossata, la fissò attonito.

Quel che accadde poi è presto detto: silenzio di tomba, migliaia di sguardi che ad Anja parvero punture di spillo (anche Andreas, spinto dalla curiosità, si degnò di entrare nella stanza), Verena che accorse, accompagnò rapidamente la migliore amica in camera da letto e, cercando in ogni modo di tranquillizzarla, la fece coricare affinché smaltisse la sbornia. E presto Anja, dopo aver borbottato qualche imprecazione e represso due attacchi di risa, si addormentò davvero.

Baltasar Gracián scrisse: "Tanto importante è una ritirata opportuna, quanto un assalto coraggioso". Quanto più è vera questa frase, quando c'è di mezzo l'alcol! Esso amplifica i moti dell'animo al punto da renderli più dannosi che utili. Lasciarsi trasportare sull'onda dell'alcol in uno stato di sgradevole lucidità conduce a disinibizioni che sfidano ogni autocontrollo. Soprattutto chi si reca a un party già di malumore dovrebbe bere con moderazione, evitare assolutamente i superalcolici e lasciare presto la festa.

In modo quasi opposto si comporta invece chi giunge a una festa sereno. In questo caso ci si può tranquillamente dilungare, tenere discorsi infuocati e baciare bocche di estranei fino allo spuntar dell'alba. Di solito, trascorrere una festa in un'allegra ed ebbra sfrenatezza rende tutt'altro che antipatici. Dopotutto ogni artista della dissimulazione sa che non deve mai essere riconosciuto come tale. Perciò di tanto in tanto è importante sbevazzare assieme agli altri, così da non sembrare una persona tormentata da un eccessivo autocontrollo, troppo rigida, di quelle che non piacciono a nessuno.

Solo due giorni dopo il memorabile party a casa di Verena, dall'appartamento in affitto dove la nostra infelice coppia ha convissuto fino a quel momento si vedono uscire scatoloni da trasloco. Dopo un ultimo, muto abbraccio, Anja ha voltato le spalle a Timo, il quale siede ancora per qualche minuto in cucina, la mente svuotata da ogni pensiero, poi afferra il cellulare, in parte riavendosi, e spedisce a Sabine un sms che sprizza calcolato buonumore: "Caffè? Oggi? Domani?".

PS. Timo è rimasto alquanto infastidito dal fatto che Sabine, dopo lo schiaffo di Anja alla festa, abbia passato il resto della serata, certo per non inasprire la crisi della sua relazione, ascoltando con molto interesse i racconti di un altro uomo.

17.
Mostrare arguzia

La più duttile tra le arti dissimulatorie: mostrare arguzia. Con ciò non s'intende la pratica grossolana della freddura, ormai minacciata d'estinzione: "Eva chiede ad Adamo: 'Mi ami ancora?'. E Adamo: 'Certo, chi altro potrei amare?'". No, di simili spiritosaggini facciamo volentieri a meno. S'intende invece un'intelligenza rapida, un'agilità mentale, una spontaneità che piace sempre. E piacere, si sa, è sempre utile.

Sette uomini e due donne siedono intorno a un tavolo ovale, alle loro spalle ampie pareti finestrate, ma la luce è grigia: piove. Tuttavia c'è pur sempre la vista sulla città: un mare di case, insegne luminose, un treno che passa in silenzio.

Il signor Marten è per l'investimento, lo perora caldamente. Il complesso edilizio a Dettersheim, sostiene, ha un prezzo conveniente. Un po' fuori mano, certo. Ma ha appreso da fonti sicure che l'anno prossimo il senato darà finalmente il via libera al prolungamento del tracciato della sopraelevata per collegare Dettersheim con il centro città. A quel punto gli affitti saliranno vertiginosamente. Lui consiglia di acquistare!

Lo sguardo della signora Kayser si fa pensoso. Tutti i piani di sviluppo dell'infrastruttura cittadina, dice, rischiano ritardi di durata imprevedibile. I piani urbanistici sono una cosa, ma quel che non è ancora deciso, non lo è. La società immobiliare Wanders S.r.l. & Co. S.a.s. non se la passa così bene da potersi permettere acquisti speculativi sulla base di semplici voci! Le labbra della signora Kayser sono ormai ridotte a una linea sottile; si sistema rapidamente il tailleur nero e rivolge al signor Marten uno sguardo serio, quasi cupo.

Il signor Marten, a sua volta, passandosi brevemente un dito sul naso, replica che, dopo che il senato avrà deliberato sulla cosa, l'acquisto non sarà più conveniente, poiché il prezzo, per forza di cose, salirà subito alle stelle. Lo capisce questo, la signora Kayser?

Ha parlato con tono pungente, ma nel farlo ha sorriso. E si è guardato attorno. Tutti i collaboratori lo guardano impazienti poiché, a giudicare dall'indice che ha timidamente sollevato durante la breve pausa (senza alzare tuttavia il braccio dal tavolo), il signor Marten conta di proseguire con la propria argomentazione. A questo punto si rivolge direttamente alla signora Kayser, dicendole in tutta serenità: "Cara signora Kayser, la società immobiliare Wanders S.r.l. & Co. S.a.s. non se la passa così bene da potersi permettere una mancanza di coraggio".

È così facile mostrare arguzia! Il signor Marten ha costruito la frase esattamente come la signora Kayser ("La società immobiliare Wanders S.r.l. & Co. S.a.s. non se la passa così bene da potersi permettere..."), ma ne ha siglato la costruzione sintattica con un contenuto opposto. In una situazione così tesa, è stata una soluzione più che sufficiente a provocare un lieve sorriso di compiacimento, con risatine annesse, tra i partecipanti alla riunione. La signora Meyerhoff, segretario capo, una donna corpulenta, è scoppiata persino in una sonora risata. Ma lei reagisce sempre così, e a battute ben più discutibili. Persino la signora Kayser si costringe a un incerto sorriso, poiché, come ha dedotto all'istante e a ragione, un'espressione rabbuiata avrebbe incrinato il favore di cui gode presso i colleghi.

Si deplora sempre volentieri lo strapotere della retorica, e non del tutto a torto. Chiunque assista a un talk-show politico o a un duello televisivo tra candidati premier intuisce che il fattore determinante per conquistarsi la simpatia del pubblico non è l'abilità argomentativa, ma la duttilità delle frasi, la prontezza di spirito, lo sguardo fiducioso. Ma soprattutto, poiché il mondo è troppo spesso governato da serietà, noia e disarmonia, l'arguzia desta grande riconoscenza negli astanti, dunque è un'arma di cui bisogna assolutamente appropriarsi. Giacché in linea di massima è difficile – lo abbiamo già visto altrove – ingannare qualcuno in pubblico senza dare l'impressione di avere un brutto carattere. L'arguzia invece è una lama a doppio taglio: rende simpatici e al tempo stesso cela soavemente il fatto che spesso non la s'impieghi per dilettare i presenti, ma per nuocere a un avversario.

Chi potrebbe contestare, infatti, che la signora Kayser sia stata ferita dall'arguzia del signor Marten? Quale decisione sia poi stata presa riguardo al complesso edilizio a Dettersheim, lo può immaginare chiunque: investire.

Ora, com'è noto, la signora Kayser aveva assolutamente ragione: Dettersheim aspetta tuttora una stazione della sopraelevata. Nuove elezioni dall'esito inatteso hanno rinviato a chissà quando l'ampliamento della rete dei trasporti locale. In compenso stanno lavorando a un generoso ampliamento della circonvallazione, che però non tocca Dettersheim, fuori mano com'è... Il complesso edilizio, rinnovato con gran dispendio di mezzi – è stata realizzata addirittura una nuova stuccatura –, aspetta invano affittuari. E comunque l'agenzia immobiliare, con cui le autorità avevano già collaborato felicemente in casi altrettanto disperati, non è da invidiare: un certo Heinrich Walter ci si è messo d'impegno, ma con poco successo. In breve: l'investimento sta procurando alla società immobiliare Wanders S.r.l. & Co. S.a.s. un deficit sempre crescente.

Questo spiacevole sviluppo, tuttavia, non sminuisce il potere dell'arguzia, ma ne sottolinea la peculiarità: l'arguzia tende sempre a scavalcare ogni ragionevolezza. È ingiusta, crea consenso, non è democratica, è anzi indizio di dominio carismatico.

Spesso si afferma che l'arguzia non è una cosa che si impara come andare in bicicletta o nuotare. Certo, lo spirito sveglio è un dono degli dei. Ma alcuni meccanismi fondamentali possono essere senz'altro acquisiti: ingigantire le cose per scherzo, ad esempio, o anche commentare con autoironia certe caratteristiche personali (un accento regionale, la statura, un titolo accademico).

Tuttavia, proprio coloro che si sono impadroniti con fatica dell'arguzia, nei quali per così dire non è ancora divenuta una seconda natura, fanno presto a esagerare. Non vi è nulla di più fastidioso delle persone che scherzano in continuazione, come se la loro vocazione più autentica fosse quella di divertire il mondo. L'esempio del signor Martens mostra invece molto bene quanto sia importante sapersi muovere di punto in bianco dalla massima serietà all'arguzia, senza passare per lo scherzo. Del resto alla fine si ride comunque.

L'arguzia, usata con moderazione, piace a tal punto da far perdonare caratteristiche che normalmente sono poco apprezzate: l'aggressività, come si è visto nella riunione della società immobiliare Wanders S.r.l. & Co. S.a.s., ma anche la vanità. A mostrarla, una volta, fu nientemeno che il celebre scrittore Franz Kafka, in una lettera al suo editore. Consegnò a quest'ultimo alcuni manoscritti e poco dopo, poiché aspettava una risposta, gli scrisse: "Ma ora sarei naturalmente felice se questi scritti Le piacessero almeno fino al punto di stamparli. In fin dei conti anche uno che abbia la massima pratica e sia un grandissimo intenditore non vede alla prima occhiata i lati brutti".

18.
Ispirare fiducia

Recentemente un uomo ha riferito di un incontro con il suo medico di famiglia. Quest'ultimo, durante una visita approfondita, disse che a volte gli era difficile venire a sapere qualcosa di veritiero sulle abitudini di vita di certi suoi pazienti, soprattutto maschi. Alcuni entravano in ambulatorio al mattino con aria innocente, rasati di fresco e sereni, commentando il bel tempo o parlando di altre futilità, mentre lui li squadrava severo e portava subito il discorso sui valori sospetti del fegato, emersi senza possibilità d'equivoco dalle analisi del sangue che aveva raccomandato loro dopo un primo allarme.

In seguito, riferì l'uomo, il dottore chiedeva apertamente ai pazienti se per caso bevessero oltre misura. A quel punto i pazienti ridevano, mascherando così l'insicurezza. Il medico insisteva: insomma, quanto bevevano? E riceveva sempre la stessa risposta: be', a qualche festa, lì ci si ferma sempre un po' più a lungo; e poi certi viaggi di lavoro sono spesso associati a occasioni festose, allora si fa presto a brindare ecc.

Il dottore, che aveva la barba e una voce profonda e sonora e per questo vantava una cospicua schiera di pazienti femminili, disse che con quegli uomini, inclini a minimizzare quasi senza pudore le loro abitudini alcoliche, si era abituato ad avviare il colloquio confessando innanzitutto lui stesso, con finto nervosismo, che la mattina non usciva mai di casa senza prima essersi fatto un bicchierino di acquavite. Ogni tanto ci vuole, diceva, per la circolazione. Solo con questo piccolo stratagemma, raccontò il medico, riusciva a destare la loquacità dei pazienti. Anzi, a quel punto gli sembrava che esagerassero l'entità del loro consumo alcolico in modo quasi vanaglorioso. E solo grazie a quella strategia si era imbattuto in una regola basilare del comportamento umano, e cioè che ispiriamo fiducia negli altri solo quando diamo l'impressione di essere innanzitutto noi stessi a confidarci con loro. Detto questo, guardò soddisfatto il proprio paziente e, poiché la visita aveva appurato l'assenza di problemi, lo pregò di rivestirsi.

Con quale saggezza ha agito questo dottore, che peraltro non esce davvero quasi mai di casa senza essersi prima concesso un po' d'alcol di straforo! Giacché la fiducia altrui va sempre carpita con un'indiscrezione sul proprio conto. Molte volte però questa strategia, di per sé raccomandabile, è una manovra delicata. Perché ogni confessione è una briscola che si gioca per primi, ovvero un anticipo rischioso. Quindi in generale è consigliabile ispirare fiducia con una confessione che appaia importante solo agli altri, mentre in realtà non lo è per nulla.

Fate la conoscenza di un nuovo collega: Sebastian Senner, abbastanza giovane, abbronzatura sportiva. È ancora un po' confuso dalle impressioni fresche e contrastanti avute in azienda e quindi vi è molto grato che vi interessiate a lui, mentre sedete insieme durante la pausa di mezzogiorno davanti a un'insalata di rucola parcamente adornata di fette di caprino. Presto il discorso cade sulla riunione del mattino, che è stata introdotta da proterve osservazioni del vostro comune superiore, il quale ha parlato con preoccupazione dei problemi legati alle scadenze di vari progetti, sollecitando un maggior impegno da parte dei collaboratori.

Certo, nel lamentare mancanza di motivazione il superiore ha usato frasi morbide, che difficilmente si sarebbero potute definire minacciose, ma in esse si celava qualcosa di molto inquietante, dal momento che in azienda non sono mancate esperienze assai concrete sul trattamento dei collaboratori meno zelanti.

A questo punto, dopo aver ricapitolato la spiacevole riunione del mattino, vi piegate platealmente sopra il tavolo sorridendo a Sebastian Senner con aria cospiratoria – non senza aver prima esplorato il locale con occhiate appena preoccupate: qualche vostro collega o addirittura il vostro superiore potrebbero pranzare qui dentro e origliare la conversazione con la faccia nascosta dietro un giornale! Il vostro superiore, sussurrate, come forse lui, Sebastian Senner, ha già intuito, è l'uomo più scioperato della terra, la cui unica qualità distintiva è il darsi molto da fare quando si tratta di assegnare il lavoro in arrivo, allontanandolo da sé, per così dire, e scaricando in tal modo sugli altri anche le decisioni che gli creano difficoltà. E quella distribuzione di compiti ingrati dà certo l'impressione di una grande laboriosità, ma molti colleghi vi hanno scorto ormai da tempo un'occupazione volta a celare bellamente il sovraccarico di lavoro che pesa sulle spalle del capo.

Ora bisogna sapere che Sebastian Senner, questo giovane programmatore che durante il vostro astioso discorso, incerto su come comportarsi, si è limitato ad annuire in maniera un po' insulsa, era stato soffiato solo poche settimane prima a un'azienda concorrente, e l'autore del colpaccio era stato proprio il vostro superiore. E poiché l'offerta di lavoro era stata molto generosa, il superiore, un uomo sulla cinquantina in leggero sovrappeso, dall'aspetto sempre accaldato, che arrossisce spesso come se soffrisse di pressione alta, ha per Sebastian Senner una simpatia assolutamente sincera. Ormai il giovane si figura un futuro promettente, dalle tinte più splendenti che mai, nella nuova azienda.

Siete consapevoli che Sebastian Senner, che forse non è privo di talento, potrebbe senz'altro diventare un concorrente pericoloso, visto che nella vostra specialità, l'IT-design, la sua reputazione nell'ambiente non è certo infima.

Ora si può agevolmente supporre che il vostro

anticipo rischioso, l'aver sparlato senza nessuna remora del vostro superiore, sia stato un errore. Questo in ogni caso è ciò che pensa Sebastian Senner, che dentro di sé sorride della vostra ingenuità.

Due settimane dopo egli è convocato dal superiore per un breve colloquio a quattr'occhi. Nel momento in cui Sebastian Senner entra nello spartano ufficio, il superiore sta trangugiando un caffelatte, mastica un boccone di croissant e scorre i titoli dei più diversi quotidiani, aperti a coprire gran parte della scrivania. Poi si appoggia all'indietro e gli rivolge la parola: sta notando con molto piacere che lui, Sebastian Senner, a quanto pare in azienda si trova bene. Il progetto al quale partecipa sembra piacergli, sta facendo grandi progressi.

Così in un primo momento si scambiano qualche convenevolo di poco conto. Solo verso la fine del colloquio, in modo quasi casuale, il superiore gli chiede che impressione si è fatto dei colleghi. A quella domanda, apparentemente in preda a rimorsi di coscienza, Sebastian Senner gli rivolge uno sguardo tormentato, come se faticasse a confidarsi a cuore aperto.

"Naturalmente rimane fra noi!" dice allora con prontezza il superiore. E a quel punto Sebastian Senner, poiché anche lui ha riconosciuto in voi un concorrente, riferisce della conversazione di qualche tempo prima e aggiunge che la sua fiducia in lui, il suo superiore, è tale da obbligarlo a comunicargli che tramate contro di lui nel peggiore dei modi.

"Ah, sì?" dice il superiore, azzanna un angolo del croissant e rivolge a Sebastian Senner, con grande sorpresa di quest'ultimo, uno sguardo molto serio, quasi ostile. Poi lo prega, con la scusa di dover fare una telefonata importantissima, di uscire dall'ufficio.

Dopo una collaborazione pluriennale, il superiore ripone in voi naturalmente una fiducia molto superiore a quella che può accordare a un nuovo collega, non ancora ben inquadrabile. Al punto da concludere, rimasto ormai solo nella stanza, lo sguardo vagamente malinconico perso fuori dalla finestra, che Sebastian Senner si è inventato le vostre malignità al solo scopo di nuocervi. Ah!, pensa infine strofinandosi la pancia come in preda a un malessere, com'è raccapricciante che ogni nuova assunzione porti con sé un rischio del genere.

Il superiore, peraltro, è tutt'altro che uno scioperato; il peggio che si possa dire di lui è che si è appropriato con un certo successo, senza averla mai letta, di un'importante massima di Gracián: "Tutto quel che ci può ritornare a vantaggio, facciamolo noi; ciò che può attirarci odio, facciamolo per mano altrui".

È facile immaginare a chi, nelle prossime settimane o mesi, saranno affidati incarichi importanti, utili alla carriera. A voi naturalmente, e non al vostro concorrente, il quale ha cercato in modo troppo precipitoso di trarre vantaggio da ciò che sapeva, contravvenendo in tal modo a una regola fondamentale dell'arte della dissimulazione: mai farsi prendere dalla fretta nelle azioni d'importanza strategica!

Da questa storia è facile capire che la fiducia può essere accordata con leggerezza solo quando si parte da una posizione di forza: come medico nei confronti dei propri pazienti, come collaboratore di lungo corso nei confronti di un nuovo collega. E, con un po' di fortuna, da chi ci sta di fronte possiamo venire a sapere cose che ci possono tornare utili in seguito.

Tutti gli altri, soprattutto quando non conoscono ancora a sufficienza l'ambiente in cui si muovono, nelle dimostrazioni di fiducia si attengano prudenti alla massima suprema: i segreti che si vanno confidando devono solo sembrare importanti, mentre non lo sono per nulla. La voglia di aprirsi senza riserve agli altri, infatti, è sommamente dannosa. Purtroppo la tentazione di sbandierare un segreto al momento sbagliato è sempre molto grande.

19.
Brillare per cultura

Al giorno d'oggi piace molto chi sa far sfoggio di una certa cultura. Chi brilla per cultura, tuttavia, è facilmente sospettato di arroganza. Perciò bisognerebbe sempre far sì che la propria cultura non appaia pretenziosa.

In ogni caso dovreste innanzitutto procurarvi, come hanno fatto Frank e la sua ragazza Angelika, un appartamento in cui la cultura sia riconoscibile al primo colpo. Se avete quasi quarant'anni, come la nostra coppia, l'appartamento può trovarsi senz'altro in una zona non ancora del tutto risanata, dove anzi l'occhio sia disturbato da incomprensibili graffiti sulle pareti dell'edificio; e qualora attorno si aggiri un senzatetto, purché ciò accada sporadicamente, quel passaggio è addirittura l'ideale per trasmettere ai visitatori l'impressione di non essere dei borghesucci. Poiché del resto siete ancora abbastanza giovani, non andate ad abitare in quartieri che vi possano attirare lo scherno degli amici in quanto "zone da ricche vedovastre", ma sempre soltanto in quelli che stanno trasformandosi da abbastanza buoni a molto buoni.

I lavoratori che sputano sul marciapiede e fischiano dietro alle donne bevendo la prima birra della giornata vanno lentamente scomparendo, ma è d'uopo che ve ne sia ancora qualcuno. Non possono poi mancare un po' di stranieri, di solito più poveri di noi, almeno finché nelle scuole materne costituiscono una minoranza talmente irrisoria da dimenticare in fretta la loro madrelingua. Bisogna tuttavia che ve ne sia pur qualcuno, affinché i visitatori possano decantare la vivacità e i molti colori per le strade – una pienezza di vita, per così dire. I gay sono ovviamente graditi. In modo particolare i camerieri gracili che ballonzolano nei bar. Così com'è, il quartiere risveglia nei genitori l'impressione di un vago degrado, il che assicura ai figli, per quando saranno più grandi, un dolce senso di ribellione.

L'appartamento di Angelika e Frank piace per i soffitti alti, un grande balcone e il parquet autentico. Hanno poi un divano rosso vino sul quale amano raggomitolarsi. Frank è architetto e, dopo un passato da libero professionista non privo di asperità, adesso è di nuovo un lavoratore dipendente. Angelika, che è fotografa, di recente si è fatta allestire da Frank una bella pagina internet, così da incrementare ulteriormente gli incarichi.

La nostra coppia ama leggere. E nel corso degli anni ha accumulato molti libri. Letteratura e saggistica varia: guide e manuali (sulla felicità, ad esempio), volumi illustrati di grande formato, preziosi libri di cucina – e le opere di storia dell'architettura di Frank, che quest'ultimo, per esigenze di lavoro, si è procurato negli anni più per senso del dovere che per un vero, ardente interesse.

I libri sono tutti sistemati in soggiorno, in scaffali bianchi che s'innalzano fino al soffitto. E anche le opere collocate più in alto si raggiungono senza fatica da quando è arrivata, omaggio per l'abbonamento a un quotidiano di prestigio, una piccola scala di mogano. La scala si può comodamente trasformare con poche mosse in una seggiola, ma fino a questo momento non è stata ancora utilizzata in tale forma.

Una sera – era autunno, si udivano stormire le foglie – erano attesi per la prima volta a cena Jürgen, il superiore di Frank, e signora. Com'è ormai consuetudine, Frank ha un rapporto poco meno che amichevole con il proprio capo, in ufficio si danno del tu con assoluta naturalezza, bevono il caffè insieme ecc.

Non è il caso di dilungarsi sullo zelo con cui la nostra giovane coppia, quel sabato pomeriggio, si dedicò alla preparazione del menù in tre portate: esorbiterebbe da questa storia. Dopo lunghe riflessioni avevano deciso di offrire agli ospiti, come piatto principale, una pietanza che non si distinguesse per stravaganza, bensì per appetitosa sobrietà. Un piatto che si limitasse a nobilitare la quotidianità, per così dire, affinché non ne sortisse un'atmosfera forzata: pasta al pesto ricco, che desta senz'altro sorpresa, poiché il condimento comprende anche pezzi di patate e fagiolini. Pesto fatto in casa, il che è più semplice di quanto comunemente si creda.

Se la serata non andò come i padroni di casa avrebbero desiderato, non è da imputare al cibo, che anzi fu elogiato con un'euforia addirittura preoccupante. Appena Jürgen assaggiò una forchettata di pasta, pesto, patate e fagiolini, con la bocca ancora piena esclamò "Mmmh, che buono", il che fu confermato dalla moglie con grandi cenni del capo e un festoso "Ma davvero!". (La moglie del superiore, sia detto per completezza, lavora come lettrice in una casa editrice di architettura. Conobbe Jürgen, che ha vent'anni più di lei, nel corso di un progetto editoriale estremamente ambizioso al quale lavorarono insieme. Aveva fatto fotografare esterni e interni di un'audace schiera di case progettate dallo studio di lui, al fine di realizzare un volume illustrato introdotto dall'acuto saggio di uno specialista. Tutto sommato, col senno di poi bisogna ammetterlo, il progetto aveva avuto un successo limitato – appena settecento copie vendute –, ma era stato pur sempre l'inizio di un grande amore.)

Prima di lasciarci alle spalle la conversazione a tavola, diremo brevemente che il ricevimento degli ospiti si svolse nel modo tipico dei nostri tempi. Si dà nuovamente molta importanza alle buone maniere, ma vi è grande incertezza sul contegno da tenere. Quando Frank e Angelika aprirono la porta e si trovarono davanti gli ospiti, vi fu un momento di lieve imbarazzo. Ad Angelika, per esempio, passarono per la testa interrogativi d'ogni sorta: visto che non aveva mai incontrato prima la moglie di Jürgen, doveva salutarla con un bacio sulla guancia o dare prima la mano al marito? O dare prima un bacio sulla guancia a Jürgen e poi lasciare che fosse lui a presentare la moglie ai padroni di casa?

Ora, se non altro non si può negare a questi ultimi un certo desiderio di forma: Frank salutò la moglie del suo superiore con un bacio sulla guancia. Tre volte, prima sulla guancia sinistra, poi sulla destra e infine ancora sulla sinistra, al che la moglie del superiore si aspettava già il quarto bacio e, a causa di questo fraintendimento, le teste dei due quasi si urtarono; fu un momento d'imbarazzo, su cui la donna glissò con allegra nonchalance. Allo stesso tempo Angelika aiutò Jürgen a levarsi il cappotto, e subito dopo questi porse la mano a Frank. In seguito Frank presentò l'una all'altra le signore, le quali, dapprima incerte sul da farsi, finirono per stringersi a loro volta la mano. Nello scompiglio del momento Jürgen e Angelika dimenticarono di salutarsi, ma poiché ci si trovò presto immersi nella conversazione, non si diede peso alla cosa.

Non furono apprezzate solamente le pietanze. Anche il vino, un bordeaux Saint-Estèphe, parve risultar gradito. O comunque Jürgen ebbe parole di apprezzamento. In generale, ai padroni di casa Jürgen parve decisamente verboso; poiché tuttavia a tavola era di gran lunga il più anziano (classe 1946) e i suoi racconti straripavano di una ricca esperienza di vita (movimento studentesco, due ex-mogli, carriera), accettarono volentieri che fosse lui a dominare la conversazione.

Angelika, che tra l'altro si era accorta fin da subito di quanto Jürgen, con quel suo volto carismatico e pieno di rughe e nonostante un lieve sovrappeso, fosse affascinante, fu disturbata unicamente dal fatto che lui, sostenuto dalla moglie finemente truccata, dopo il terzo bicchiere di vino si era messo a parlare di architettura.

Tra tutti i grandi architetti, disse Jürgen, preferiva in assoluto Hans Scharoun. Decantò con entusiasmo un edificio di Scharoun nel quartiere Weißenhof di Stoccarda e si profuse in argute osservazioni sul grande quartiere Siemensstadt di Berlino, che vide anch'esso la collaborazione di Scharoun e ancora oggi è un modello per i nuovi progetti residenziali. Jürgen raccontò tutto ciò in modo assai gradevole, evitando teorie complicate e dilettando invece gli ascoltatori con aneddoti. Stimolata da quei discorsi, Angelika iniziò a immaginarsi vividamente i poverissimi figli dei lavoratori che un tempo scorrazzavano, con i loro occhioni e gli abiti sporchi, lungo le vie dei nuovi quartieri-modello realizzati da Scharoun.

Ovviamente Frank, che in fatto di consumo alcolico aveva un piccolo vantaggio sugli altri, si sentì in dovere di integrare i discorsi del suo superiore con qualche frase altrettanto notevole su Scharoun.

Tuttavia il suo exploit fu un tale fiasco che ancora oggi Angelika ripensa con orrore alla cena e per nulla al mondo ripeterebbe quella serata tra coppie.

Frank, infatti, troppo preso dall'idea di fare colpo, s'inerpicò in tesi che perfino alla sua compagna, poco esperta di storia dell'architettura, parvero fin da subito discutibili. Non solo spostò il Museo marittimo tedesco di Scharoun da Bremerhaven ad Amburgo, ma criticò l'opera in modo sconclusionato, definendola un'architettura tipica degli anni ottanta. Jürgen osservò brevemente che, per quanto ne sapeva, era stato costruito nel 1963. Certo, replicò Frank all'istante, Scharoun infatti aveva prefigurato, se si poteva dir così, l'architettura degli anni ottanta. È questo che intendeva. "Il postmoderno!" esclamò Frank a quel punto. Jürgen tossicchiò.

E poiché era bendisposto verso il proprio collaboratore, non lo corresse nemmeno quando questi osservò quanto dovesse esser stato spiacevole per Scharoun abbandonare la Germania infestata dalla barbarie nazionalsocialista. Così dicendo, Frank si guardò intorno con espressione dolente, come se il calvario del grande architetto lo avesse sempre molto turbato.

Stavolta fu la moglie di Jürgen, visibilmente irritata, ad assumersi l'onere dell'obiezione, il che fu per Frank una brutta sorpresa. "Scharoun," disse tagliente, "non ha abbandonato la Germania nazista." Poi rivolse ad Angelika uno sguardo beffardo. Quest'ultima, dopo un momento nel quale nessuno parlò, chiese in tono allegro: "Qualcuno vuole un caffè?".

Aveva confuso Scharoun con un altro architetto, disse Frank ad Angelika il giorno dopo, mentre lei, silenziosa, lavava i piatti in cucina. Insomma, può capitare a chiunque! "Ti sei reso così ridicolo," replicò lei scuotendo la testa, e quelle parole indussero Frank a una controreplica talmente brutale che Angelika infilò il corridoio all'istante, passandogli davanti con le mani ancora bagnate, si infilò una giacca e corse fuori. Si sedette in un bar frequentato in prevalenza dalle mamme del quartiere, dove si ascoltavano più che altro canzoni francesi. Non riusciva proprio a togliersi dalla testa la serata. Scambiare Scharoun per un altro! Estrasse una sigaretta da un pacchetto appena acquistato, cosa che non faceva da anni, ma dopo due tiri una cameriera, passando accanto al suo tavolo, le fece freddamente notare che lì dentro era vietato fumare.

Se Frank, con discrezione, avesse cambiato argomento, forse avrebbe finito per parlare dell'università Bauhaus di Weimar, che conosce molto bene per esperienza diretta, e il suo superiore non l'avrebbe giudicato tanto incolto. Ancor meglio tuttavia sarebbe stato se Frank, mostrando grande interesse, avesse interrogato Jürgen su qualche particolare insolito dell'opera di Scharoun, atteggiandosi a discepolo avido di sapere. Sarebbe stata un'abile mossa, giacché, come sanno tutti quelli che conoscono Jürgen, in fin dei conti non lo si può definire propriamente un esperto di Scharoun. In alternativa è possibile, appena qualcuno accenna a un argomento culturale di cui sappiamo poco, annuire come chi se ne intende. Come se davvero non fosse la prima volta che ne sentiamo parlare. Quante volte ci capita di apprezzare le persone che non parlano inutilmente!

PS. Baltasar Gracián scrisse la bella frase: “Non diventar paradossale per fuggir la volgarità”. Per timore che i propri pensieri sembrino troppo semplici, non poche persone si rifugiano in argomentazioni oscure, e ciò incontra ben poco gradimento.

PPS. O si è acculturati o non lo si è. Se non lo si è, bisognerebbe almeno crearsi un piccolo repertorio di frasi sagge che permettano di brillare in società. Come diceva Oscar Wilde? “La sola differenza tra un santo e un peccatore è che ogni santo ha un passato e ogni peccatore un futuro.” Oppure, in contesti più raffinati, si citi Heimito von Doderer: “A volte per trovare una persona bisogna allontanarsene”.

20.
Essere misteriosi

Abbiamo fatto un altro bel passo avanti sulla via del perfezionamento: abbiamo visto quale contegno tenere con l'alcol, come usare l'arguzia, quali precauzioni adottare di fronte alle dimostrazioni di fiducia, e abbiamo appurato che mostrare con modestia la propria cultura non può mai nuocere. In questo capitolo vogliamo accostarci a un oggetto più generale, e cioè alla questione se sia meglio apparire spiritosi o misteriosi. Poiché vi sono persone simpatiche e persone che ci affascinano. Le prime si distinguono per l'umorismo, le seconde per l'aura di mistero che le circonda.

Gli spiritosi sono apprezzati per la loro capacità di divertire, il buonumore contagioso. Nessuno li teme, piacciono a chiunque. Non bisogna però confondere lo spiritoso con colui che dà mostra di arguzia, ad esempio durante la riunione di una società immobiliare. Chi è arguto divide gli animi con la mordacità delle sue parole, mentre lo spiritoso appare più umano, più ingenuo. Ce lo troviamo davanti che ride a braccia aperte.

Tutti conosciamo uomini che sanno sedurre le donne con lo humour, uomini che si dedicano con sensuale solerzia a cucinare un polpettone e al tempo stesso conducono la più allegra delle conversazioni. La donna che siede di fronte allo spiritoso, abbagliata dall'ilarità, nel corso di una simile serata giunge alla conclusione: "È così dolce!", sorvolando generosamente sulla pancia che deborda sgraziata dai jeans. Tantopiù se lo spiritoso ha un certo successo professionale. Il suo limite: lo si ama più che desiderarlo in uno stato di ottenebramento erotico. La sua più grande chance: l'essere talvolta sottovalutato. Egli conquista senza fatica il cuore degli altri perché è ritenuto buono. Ci si confida con lui. In questo modo, nel corso del tempo accumula conoscenze sui segreti altrui.

Con i misteriosi è tutto diverso. Davanti a una persona misteriosa tremiamo fin da subito, ma al tempo stesso ce ne sentiamo attratti, e dietro alle sue poche parole ci figuriamo un passato affascinante. Di certo ha sofferto, ma questo l'ha fatto maturare fin quasi a trasformarne il carattere. I misteriosi parlano di rado, ma quando lo fanno sembra sempre che rivelino qualcosa d'importante.

Ai ricevimenti una persona misteriosa rimane in disparte, ma non dà un'impressione di smarrimento. Dal suo volto trapela sempre una traccia di disprezzo, ma non vi si legge mai repulsione. Intorno a lei, del resto, non si chiacchiera forse delle cose più profane? Il misterioso emana una cupa bellezza. Vorremmo rivolgergli la parola, ma non osiamo; desideriamo baciarlo, ma temiamo le sue labbra. Egli sembra avere la risposta alla nostra epocale ricerca di senso.

Buon per voi, dunque, se siete una persona misteriosa, il che ovviamente non significa che siete nati così, ma che vi siete creati l'aura del misterioso con l'esercizio e la tenacia. I misteriosi si concedono sempre soltanto in piccole dosi: il numero di telefono, un sorriso, un indumento. Sanno che l'erotismo si fonda sull'economia del sapere. Per questo si spogliano lentamente. Quando confessano qualcosa, le persone misteriose non fanno altro che generare un nuovo, impenetrabile segreto su se stesse, che qualunque innamorato si prefigge di scoprire. Com'è fatale abbandonarsi ai misteriosi!

I misteriosi sono potenti. Creano dipendenze devastanti. Tengono sulla corda chi li ama. Non rispondono al telefono proprio quando si deve parlare con loro con la massima urgenza. Quando si sottraggono provocano sempre dolore. Gli incontri con loro sono effimeri. Tutti credono che nei misteriosi vi sia qualcosa da scoprire. Essi mascherano il fatto di non celare nessun segreto.

Il limite dei misteriosi: più che amarli, li si desidera in uno stato di ottenebramento erotico. La loro più grande chance: l'essere talvolta sopravvalutati.

L'artista della dissimulazione virtuosa sa essere

entrambe le cose: spiritoso e misterioso, secondo l'obiettivo. E gli altri pensano sempre di avere a che fare con tratti caratteriali immodificabili. Solo l'artista della dissimulazione sa di potersi trasformare in ogni momento da spiritoso a misterioso, da misterioso a spiritoso.

I misteriosi sono belli, gli spiritosi sono amabili.

21.
Fingere un compromesso

Un altro appuntamento?! Guardate incredulo il calendario sulla scrivania e chiamate Karin Sentmüller, la vostra segretaria: "Devo incontrare subito Kai Lantzer?". "Sì," risponde la segretaria, "l'accordo era questo." "Hm, mi sa che non è più possibile rinviare..." dite più che altro a voi stesso. La segretaria vi ricorda che avete illuso il vostro collaboratore già la settimana scorsa. "Sì, sì, lo so," replicate, "ma deve avere un po' di pazienza. Ho bisogno di prendere un po' d'aria, giusto un attimo."

Riattaccate, afferrate una cartellina, infilate il cappotto e cinque minuti più tardi siete già in un piccolo ristorante dotato di sala fumatori. Per prima cosa vi accendete una sigaretta. Da quando il consiglio aziendale, in accordo con la legislazione generale e in seguito alle lamentele di alcuni collaboratori, ha imposto in casa editrice il divieto assoluto di fumare, non vi è più permesso neanche nel vostro ufficio. Ovviamente potete farlo comunque, siete pur sempre il direttore, ma di solito infrangete la norma non prima del tardo pomeriggio, quando in casa editrice non c'è già più nessuno.

Ordinate come sempre un doppio espresso macchiato e sfogliate la cartellina che contiene l'elenco delle retribuzioni. Kai Lantzer, senza dubbio un bravo lettore, ancora giovane, poco più di trent'anni, l'avete scoperto voi stesso. È un tipo piuttosto industrioso, e sorridete ripensando a quando, l'anno prima, aveva fatto da tramite per i diritti di traduzione di un grande romanzo britannico sui bombardamenti tedeschi. Letteratura sul nazismo, certo, tira sempre, soprattutto quando è ben fatta, ma buttar lì una somma a cinque zeri, una mostruosità per l'industria editoriale tedesca, tanto che gli altri editori avevano scosso le loro teste calve. Non vi torneranno i conti!, dicevano, siete pazzi. Ma adesso i conti sembrano tornare davvero. Anche perché Lantzer ha convinto una rivista a pubblicare un'anticipazione. E adesso la rivista ha perfino creato un sito on line dedicato al libro, e questo vi rallegra, perché tutto quel clamore è un'enorme pubblicità gratuita. E poi c'è anche il successo inaspettato di quel giovane autore che Kai Lanzter ha assistito con spirito di abnegazione, stavate quasi per rinunciarvi. Un volumetto sottile, niente più. Ma ha raggiunto il settimo posto nella classifica dei bestseller!

Un bravo ragazzo, Kai Lantzer, forse un po' troppo stacanovista. Va be', si farà le ossa. Che però adesso voglia entrare nel vostro ufficio con quel suo sguardo risoluto affinché gli aumentiate lo stipendio, questo proprio non vi piace. Poiché gli esborsi degli ultimi mesi sono stati notevoli. Gli autori, rappresentati da quei rapaci dei loro agenti, diventano sempre più sfrontati, pretendono certi anticipi... Storcete il viso in una smorfia, di nuovo quella fitta allo stomaco. Bisogna che andiate assolutamente dal medico. Sbuffate. Ah, non c'è più tempo per nulla, tutti vogliono qualcosa da voi, c'è sempre qualcuno che bussa alla vostra porta, ora una firma, ora una riunione, e poi anche la storia con Karin – non riuscite proprio a farne a meno... Vi mancano due anni alla pensione. Non che ne siate contenti. È già iniziata un'odiosa lotta per il vostro posto. Quanta cupidigia! Ma per due anni vi giocherete i vostri possibili successori mettendoli ancora l'uno contro l'altro. Quegli idioti non sono semplicemente alla vostra altezza. Nel momento in cui voi non ci sarete più... Meglio non pensarci! E vostra moglie, poi. Non proprio quel che si dice un grande sostegno. Adesso sta seguendo un corso universitario a distanza e uno di yoga. E ormai non diventa certo più bella. Di sera poi le sue grandi lamentazioni: le avete impedito di crescere, di realizzarsi, ha sempre dovuto occuparsi solamente dei bambini ecc.

Che ogni vita sia un romanzo da due soldi? Non lo pubblichereste mai.

"E adesso un bicchiere di vino?" La domanda è giunta come da fuori campo. Alzate lo sguardo, un bel seno, la cameriera. Sorridete: "Sì, come sempre".

Poi vi accendete un'altra sigaretta. In qualità di capo non ci si può mai presentare puntuali alle trattative retributive. È giusto che Lantzer stia ancora un po' sulle spine. Il vino è già qui – ma che bello. Il vino, bevuto di giorno, vi dà sempre una botta di vita. Rieccovi di nuovo in forma.

"Ah, signor Lantzer, venga, venga!" Nel lungo corridoio della casa editrice fingete una certa fretta e guidate Lantzer nel vostro ufficio. "Sono contento che finalmente ci si veda, così possiamo parlare con un po' di calma. Mi scusi il ritardo. Lei non può immaginare, tutti questi appuntamenti, uno attaccato all'altro... Prego, si sieda. Desidera un caffè? Sì? Karin..., ehm, signora Sentmüller!"

Vi scusate una seconda volta e vi recate alla toilette; rimasto solo nel vostro ufficio, Kai Lantzer si guarda intorno. Per essere bello è bello, pensa. Scaffali strapieni di libri; il grande dipinto surrealista sopra l'ampia scrivania, l'immagine di un animale imponente, bah; ma la vista sulla città dall'ampia parete finestrata piace molto a Kai Lantzer: il sereno brulicare dei passanti. Dal suo ufficio vede soltanto il tetro cortile interno, è una stanza buia, opprimente, soprattutto ora che è inverno. Ma l'importante, adesso, è che lo stipendio faccia un bel salto.

Karin Sentmüller sorride, posa le due tazze di caffè sul tavolo di vetro tra le due poltrone, poi esce impettita sui tacchi alti.

In quel momento rientrate anche voi nella stanza. "Grazie, signora Sentmüller!" le gridate dietro. Vi sedete di fronte a Kai Lantzer, ora apparite del tutto tranquillo, concentrato, venite subito al dunque: “Signor Lantzer, sa, sono molto contento del suo lavoro. Lei è, lo dico francamente, un’importante colonna della nostra casa editrice. È ancora molto giovane, sicché a volte bisogna avere un po’ di pazienza. Alla sua età ero anch’io così. Ma non importa: le farò aumentare lo stipendio di centocinquanta euro!”.

Kai Lantzer impallidisce, vi guarda, il labbro superiore attraversato da un brutto tremito, e chiede incredulo: “Centocinquanta?”.

“Sì!” rispondete raggiante.

Kai Lantzer tace.

Bevete un sorso di caffè, fate per alzarvi: “Bene, tra poco c’è la riunione, quindi ci rivediamo tra mezz’ora...”.

Kai Lantzer vi interrompe: “Centocinquanta è poco”.

Sprofondate nella poltrona e lo guardate sorpreso: “Troppo poco? Mi sbalordisce. A conti fatti sono, un attimo che calcolo...”.

“Seicento,” vi anticipa Kai Lantzer.

“Seicento?” ripetete e, sollevando le braccia, lo guardate attonito, come se avesse appena confessato di aver compiuto un orribile omicidio. Poi scuotete lentamente la testa: “Impensabile. Assolutamente impensabile!”.

Ovviamente intuivate già quel che Kai Lantzer ora accenna: in questo periodo c’è un’altra casa editrice che lo corteggia, ha già avuto colloqui preliminari ecc.

"Mhm," mormorate pensoso. "Le faccio una proposta," proseguite con voce ferma, che non ammette repliche: "Continuiamo le trattative fra una settimana. È evidente che non troveremo subito un accordo. Vedrò cosa posso fare per lei. Fra una settimana esatta? Alla stessa ora? Bene".

Incaricherete poi Karin Sentmüller di rinviare l'appuntamento di altri due giorni (per via di un weekend lungo nello Pfalz cui vi hanno obbligato le insistenze di vostra moglie, con tanto di faticosa camminata, degustazione vini ecc.). E quando finalmente rincontrate Kai Lanzter per proseguire la trattativa sullo stipendio (siete di nuovo arrivati con un leggero ritardo), esordite con un lungo preambolo: elogiate le sue capacità (la sua abilità negoziale, la sua sensibilità linguistica ecc.) con ancor più enfasi della prima volta, dilungandovi finché lui sorride lusingato. "In questo momento," dite, "la nostra casa editrice è esposta a un grande rischio finanziario. Sono fiducioso, ma dobbiamo semplicemente aspettare e vedere se il nostro romanzo inglese sul nazismo mantiene le promesse." Tuttavia, nonostante i rischi, gli offrite duecento euro. Di più non è possibile. Confidate nella sua comprensione.

A questo punto siete di fronte a tre possibilità. Se quel che ha accennato Kai Lantzer una settimana prima è vero (che ha in ballo l'offerta di un'altra casa editrice) – ma voi non ci credete –, allora adesso ne parlerà apertamente e proseguirà la trattativa con fermezza. In questo caso gli concedereste fino a seicento euro di aumento.

Seconda possibilità: Kai Lantzer proseguirà la trattativa con fermezza pur senza avere realmente un'offerta alternativa. A quel punto, potendolo ancora fare senza perderci la faccia, gli concedereste quattrocento euro.

Si verifica la terza possibilità.

Kai Lantzer vi guarda deluso, fa spallucce, dice che sperava di più. Gli dite: "Riparliamone tra sei mesi. Non voglio che lei sia scontento".

Vi salutate in un clima quasi rasserenato, la vostra proposta di riprendere a trattare di lì a sei mesi sembra averlo tranquillizzato. E poiché non è davvero nel vostro interesse demotivarlo, lo richiamate un'ultima volta quando sta per varcare la soglia: "Ancora una cosa, signor Lantzer, un'inezia. In realtà, pensavo... potremmo darci del tu". Gli allungate la mano: "Hermann".

"Kai," dice Kai Lantzer.

Ogni trattativa deve lasciare l'impressione di un incontro a metà strada tra gli interessi riluttanti di ciascuno. Padroneggiate quest'arte in modo quasi perfetto. E lo sapete. Ancora due anni. Due anni in cui nessuno potrà farvela.

Restate ancora un po' da solo nella stanza, poi chiamate la vostra segretaria.

"Karin, tesoro," dite.

"Hai bisogno di un po' d'aria?"

"Esatto. E se qualcuno chiama o mi cerca..."

"Sei a un appuntamento importante."

"Proprio così."

Sulla via per il solito ristorante, sentite di nuovo quella fitta allo stomaco. Passerà subito, è una giornata troppo bella per spenderci anche un solo pensiero. Guardate in alto. Non c'è una nuvola che offuschi il blu vivo.

22.
Civettare con la propria complessità

Annette Kirchmann, trentasette anni, storica dell'arte, durante un weekend lungo su un'isola del Mar Baltico si unì, più per noia che per vero interesse, a una visita guidata a un imponente palazzo che aveva avuto una certa importanza per i movimenti artistici intorno al 1900; era situato in prossimità del mare e univa in sé il respiro dello Jugendstil con elementi rustici da cottage inglese. Se non altro in questo modo, dopo aver espresso grande entusiasmo per quell'edificio ricco di storia, era sfuggita per poche ore alla compagnia di un'amica più anziana che aveva ritrovato dopo molto tempo e che si era mostrata assai ospitale, benché le conversazioni con lei si svolgessero, contro ogni aspettativa, in un grande imbarazzo. È che non avevano più nulla da dirsi, sedevano per ore davanti a una grande teiera rivangando faticosamente vecchi ricordi. Un tempo l'amica era stata la superiore di Annette, quando quest'ultima era ancora studentessa e aveva lavorato come collaboratrice in un istituto di ricerche di mercato. Allora l'amica dirigeva l'istituto, ma dopo un grave insuccesso professionale si era trasferita su quell'isola per "ritrovare prima di tutto se stessa", secondo le sue parole. Annette supponeva che quel "ritrovare se stessa" non le fosse del tutto riuscito, poiché pareva invecchiata in modo quasi inquietante e con ogni evidenza non aveva più l'ingegno brillante di un tempo.

La visita iniziò dalla torre d'osservazione. La guida, una pensionata pratica del luogo, disse che la torre sulla quale si trovavano era il punto più elevato dell'altopiano settentrionale, il cosiddetto Dornbusch, dal quale si dominava tutto il bassopiano meridionale dell'isola. Si scorgevano le case dei pescatori, ricoperte di canne palustri, che si perdevano nel paesaggio come puntini scuri. "Laggiù c'è la Danimarca," disse la guida indicando il mare mosso, oltre il quale la schiera dei visitatori, composta – a parte Annette Kirchmann e un giovane – di gente stagionata, affondò lo sguardo increspato nel tentativo di scorgere la terra. Con un po' d'immaginazione si profilava davvero all'orizzonte nebbioso la costa di una delle isole danesi.

Molte furono le cose ascoltate visitando gli ambienti; arredati in confortevole stile Biedermeier, erano appartenuti a un artista il quale già da vivo era divenuto famoso più per la sua socievolezza che per la sua opera. Per qualche giorno aveva abitato lì Thomas Mann, e anche Albert Einstein e Sigmund Freud erano stati ospiti. La guida s'impelagò in un racconto interminabile e ricco di dettagli sui soggiorni dei celebri ospiti, interrotta solamente dalle richieste, da parte dei visitatori, di parlare più forte, perché il palazzo aveva una cattiva acustica.

Annette Kirchmann, senza sapere neanche lei perché, osservò il giovane che, anziché seguire le spiegazioni della guida, si era messo a esaminare molto assorto, o così le parve, una stufa incassata nella parete della sala di rappresentanza che avevano raggiunto nel frattempo: attraverso i variopinti pannelli in mica ci si allietava, molto tempo prima, davanti al gioco delle fiamme. Il giovane tastò con cautela una piastrella di maiolica che pendeva solitaria sopra il camino. Era dipinta: Adamo ed Eva in stile espressionista venivano cacciati dal Paradiso. Poi il suo sguardo seguì, non meno assorto, gli stucchi sul soffitto, motivi vegetali che simboleggiavano l'eterna fusione di arte e vita cui lo Jugendstil a cavallo del secolo si era empaticamente votato.

Mi chiamo David Schweikert, le disse porgendole la mano. E Annette Kirchmann, inorridita dal fatto che l'avesse avvicinata così bruscamente, disse soltanto: "Sì".

"Sai com'è, una cosa tira l'altra," disse Annette Kirchmann il giorno dopo all'amica, che si era preoccupata moltissimo perché Annette aveva passato la notte fuori. È vero che aveva ricevuto un sms in cui quest'ultima le annunciava che sarebbe rientrata con grande ritardo, ma tutta la faccenda le era parsa alquanto insolita.

Annette spiegò che dopo la visita guidata, che si era protratta ancora per molto, si era recata con il nuovo conoscente nell'unico locale del posto. Lì il giovane le aveva raccontato che ad Amburgo stava compiendo degli studi sullo Jugendstil e già da molto tempo aveva intenzione di visitare quel palazzo a scopo di ricerca. E l'edificio si era rivelato ben oltre le sue aspettative.

Avevano bevuto oltremisura, parlando fino a notte fonda di Jugendstil e temi affini. Era venuto fuori, fra l'altro, che David Schweikert, prima di tornare a frequentare per passione culturale l'università di Amburgo, aveva avuto una notevole carriera da artista nella capitale. Un suo dipinto, che lei conosceva per caso (aveva destato un certo scalpore tra gli intenditori), raffigurava un bue sulla spiaggia. Era stata una bella sorpresa incontrare l'artista in carne e ossa. Aveva qualche anno più di lei. Le piaceva, disse. Anche nell'aspetto. Aveva un non so che.

In breve: alla fine erano talmente sbronzi che era parso loro decisamente opportuno, anziché gettarsi nella notte piovosa, accogliere l'invito dell'oste a passare la notte in una camera per gli ospiti che si trovava sopra la locanda.

"Ah", disse l'amica, e non aggiunse altro. Poi Annette raccontò che alcune frasi dell'estraneo pronunciate a un'ora molto tarda le erano rimaste impresse in modo particolare. L'estraneo aveva raccontato di essersi sempre sentito un outsider – sensazione che lei conosceva molto bene per esperienza personale –, di aver sempre percepito un abisso tra i discorsi precocemente vuoti dei compagni di scuola, e più tardi dei colleghi, e la propria, oscura profondità interiore: forse proprio per questo, le aveva confidato David Schweikert, a volte tendeva alla malinconia e a un senso di smarrimento estremo, paragonabile soltanto a quello di un'astronave sfuggita all'orbita terrestre che vagava ormai raminga negli spazi infiniti.

Detto adesso sembra quasi un po' sciocco, disse Annette, certe cose a raccontarle suonano sempre sciocche. Tuttavia erano rimasti d'accordo che si sarebbero rivisti già la settimana dopo. Amburgo vale un viaggio, le aveva detto lui mezzo addormentato, mentre lei gli accarezzava i capelli. Avrebbero visitato la chiesa di San Pietro. Già solo la sua splendida campana, dedicata agli apostoli Pietro e Paolo, meritava un'ispezione dettagliata.

PS. Annette si preoccupò molto per David quando, il giorno prima dell'incontro concordato, ricevette un sms nel quale le diceva che al momento era impedito da uno stress pazzesco, ma che si sarebbe rifatto vivo la settimana dopo.

23.
Far uscire di senno

Essere contraddetti su un'affermazione di cui siamo certi ci fa sempre molto arrabbiare. Quando qualcuno rigira malignamente fatti che a noi paiono indubitabili, andiamo su tutte le furie. Ma ciò è quasi sempre svantaggioso, perché non vi è praticamente nessuno che, scaldandosi, non risulti sgradevole.

In realtà per Sascha, il nostro giovane avvocato, la giornata era iniziata abbastanza bene.

Doveva recarsi in ufficio non prima di mezzogiorno e così colse l'occasione per gironzolare un po' nel quartiere, dove magari avrebbe potuto dedicarsi al suo pregiato settimanale in uno di quei nuovi bar che in quel periodo aprivano un po' ovunque. In ogni caso se lo infilò sotto il braccio. Solo avrebbe evitato un certo locale, tinteggiato nei più tenui colori pastello. Era sempre pieno di mamme e delle loro carrozzine che intralciavano il percorso verso la toilette, e gli ricordava la sua ex-ragazza Kirsten, poiché vi avevano trascorso insieme alcune domeniche pomeriggio. Dio, com'è contento Sascha di essersi (quasi) lasciato alle spalle quella relazione!

Relazione peraltro finita in un modo talmente prevedibile che il narratore esita un poco a riferirne...

E va bene. Un giorno Sascha, di pessimo umore dopo aver perso un processo nel peggiore dei modi, si era messo sulla via di casa prima del previsto per farsi consolare un po' da Kirsten. Magari avrebbero potuto uscire a cena o noleggiare un film, pensava. Nell'ingresso del palazzo aveva urtato un giovane che, a quanto pareva, aveva molta fretta.

Come avrebbe appreso di lì a poco da Kirsten, il giovane si chiamava Christian. Gli indizi erano inequivocabili: quando Sascha era entrato in casa, Kirsten sedeva in cucina con indosso solo l'accappatoio (era il primo pomeriggio), ma era balzata subito in piedi, lo aveva guardato a bocca aperta, era corsa in camera da letto e aveva detto, gesticolando scompostamente, che si sentiva poco bene, aveva passato tutto il giorno a letto tra attacchi di febbre e terribili mal di testa ecc. Ma durante quelle spiegazioni Sascha aveva notato chiaramente che lei con il piede sinistro aveva cercato di spingere sotto il letto un preservativo orribilmente srotolato che giaceva sul parquet, e nel farlo aveva pure inciampato, per poco non era caduta ecc. Non vogliamo entrare in ulteriori dettagli.

Così, quella mattina, Sascha era infastidito unicamente dal fatto che nel suo quartiere troppe cose gli ricordavano Kirsten (dopo che si erano lasciati si era trasferito solo a poche strade di distanza, e forse era stato un errore). Il parrucchiere davanti al quale stava per passare, ad esempio. Lì Kirsten andava sempre a farsi tagliare i capelli. Sascha non ci era mai entrato. Una volta Kirsten gli aveva raccontato entusiasta che ogni tanto lì c'era una persona che suonava il pianoforte. A Sascha parve un po' esagerato. "Una roba da donne," aveva pensato.

Guardò per la prima volta oltre la vetrina, che era abbastanza scura ma non gli impedì di distinguere una donna. Forse una dipendente. Indossava una maglietta con la scritta "I prefer sex to gender". Sascha scosse la testa, poi però gli venne da ridere.

"Una Coca-Cola light, per favore." Si sarebbe concesso altre due ore libere, del resto prima o poi doveva pur recuperare tutte le ore di straordinario. Com'era caldo quel febbraio! Potersi sedere già all'aperto! Si sbottonò la giacca, si allungò sulla sedia, aprì il giornale, lo sfogliò e si fermò a leggere un articolo su un celebre attore. Lesse la nota sull'autore dell'articolo. Nome complicato, ma era uno bravo, da tener presente, pensò.

Poco dopo – era arrivato al penultimo paragrafo –, Sascha fu strappato alla lettura. Guardò il display del cellulare. Il suo capo. Gli chiese se poteva recarsi allo studio. Una cliente insisteva per parlare subito con lui. Non riuscivano a calmarla.

Chi era, chiese Sascha.

"La signora Karst," disse il capo. Era in visita dal figlio in città e così era passata di persona. Il capo si disse poi sorpreso, pensava che il caso fosse chiuso.

"Infatti lo è," disse Sascha.

"Non importa, vorrei che ci raggiungessi subito." La signora Karst era seduta nel suo ufficio, gli spiegò, e non aveva intenzione di lasciarlo senza aver parlato con lui. Poco prima, quando la si era pregata cortesemente di andarsene, aveva sbraitato, minacciato di chiamare la polizia ecc.

Il caso Karst. Una storia spaventosa. Sascha sedeva in macchina, il traffico era intenso; imprecò. Tutta la faccenda gliela aveva passata Kirsten molto tempo prima. In quel periodo lei viveva ancora in una comunità abitativa, ma stavano già insieme. Il suo coinquilino l'aveva pregata di chiedere a Sascha se poteva interessarsi di un problema dei suoi genitori. Quella volta Sascha aveva voluto farle un piacere – del resto, perché no?

Allora Sascha era nuovo nello studio legale, e il caso era tosto. L'ideale per mettersi in luce, in effetti. La signora Karst, madre del coinquilino di Kirsten, si era lamentata al telefono, con accento renano, del prepensionamento del marito. Affermò tra le lacrime che non era stato un gesto propriamente volontario. Anzi, l'uomo vi era stato costretto dal suo datore di lavoro, una grossa azienda di telecomunicazioni.

"Appassionante," disse Sascha quella volta. Persone comuni contro un grande gruppo industriale. Era in sintonia con la sua idea del senso di giustizia.

Qualcuno suonò il clacson. Verde. Sascha diede gas. Pensò al processo cui si era giunti di recente dopo un lungo tira e molla. Un disastro totale. Quando il signor Karst, per il quale era stato messo in piedi il tutto, fu chiamato sul banco dei testimoni, grande fu lo sbalordimento della moglie per la sua deposizione: mentre quest'ultima lo guardava impietrita, egli disse che il suo datore di lavoro non lo aveva costretto in nessun modo a lasciare l'azienda. Era stata una scelta volontaria.

Ma allora perché quel processo, aveva chiesto il giudice confuso.

Il signor Karst, ignorando la domanda, aveva detto che voleva starsene in pace. E che aveva fame.

"Signora Karst," disse Sascha, "che sorpresa!" Il capo era seduto accanto a lei sul divano ad angolo dell'ufficio, la fronte aggrottata, e mormorò: "Finalmente".

"Non vorrà mica," disse Sascha in tono quasi scherzoso rivolgendosi a entrambi, "far riesaminare il processo?"

"No, questo no," disse la signora Karst, poi indicò molto irritata, su un piccolo tavolo rotondo, le lettere che aveva portato con sé. Cosa significavano tutte quelle fatture, chiese. Poi incrociò le braccia.

"Be'," disse Sascha pacato, "avete perso il processo. Naturalmente eravamo preoccupati, visto che non avete pagato subito le spese processuali. Di qui i solleciti. Tuttavia," proseguì rivolgendo al capo uno sguardo interrogativo, "forse possiamo concordare un pagamento a rate, purché..."

La signora Karst lo interruppe urlando: "Doveva essere gratis!".

"Cosa intende dire?" chiese Sascha arrossendo.

"Doveva essere gratis!" ripeté la signora Karst.

Il capo, dopo aver guardato brevemente l'orologio, disse: "La signora Karst sostiene che le avevi assicurato che il nostro studio legale si sarebbe accollato per intero le spese processuali indipendentemente dall'esito della controversia". Secondo i documenti – il capo li aveva in mano, un grosso raccoglitore nero – non era mai stato preso un simile accordo. Del resto, si sarebbe meravigliato se fosse accaduto. E di certo non se n'era discusso neppure a voce... Ma le ultime parole suonarono dubbiose. Poi il capo domandò: "O c'è qualcosa che non so?".

La signora Karst ripeté tra i singhiozzi: "Doveva essere gratis!".

Come nel peggiore dei talk-show, pensò Sascha a quel punto contenendo a stento la rabbia, dovuta anche al comportamento del suo capo, che evidentemente non si fidava di lui. Perché mai avevano convocato lui anziché chiamare la polizia? Ma certo, per non dare l'impressione che lì si desse il benservito alle persone comuni, altrimenti se ne sarebbe parlato di nuovo sulla stampa locale ecc.

"Signora Karst," disse Sascha, "l'avevo messa al corrente di tutti i rischi, in modo dettagliato, prima che ci imbarcassimo in un processo che in effetti..."

“Tu menti!” esclamò la signora Karst.

Gli aveva dato del tu. Ci mancava anche questa. “Mi ha dato del tu?” chiese Sascha. Poi esclamò: “Io non mento!”. Tremava un po’.

Il capo sospirò.

“Strozzino!” urlò la signora Karst. E poi: “Tu menti!”.

Così dunque una parola tirava l’altra...

Ad ogni modo il capo rimase sgomento quando dovette ricorrere a tutta la propria forza per impedire al suo collaboratore, cui solo di recente aveva proposto di darsi del tu, di scagliarsi con il pugno levato contro la signora Karst. Prima di quello scatto d’ira, l’incontenibile scontro verbale tra i due, tutt’altro che orientato a una rappacificazione, aveva fatto riecheggiare nel suo prestigioso studio legale gli insulti più infami, il che ancora oggi, quando ci ripensa, lo fa sensibilmente inorridire.

Il giorno dopo, nello studio legale si era di nuovo passati al lei.

Di lì a qualche settimana la signora Karst, che durante quell’incidente aveva anche minacciato di portare il caso all’attenzione di un programma televisivo (“Non ci facciamo mica prendere per il culo!” aveva detto), era molto contenta che nessun sollecito importunasse più la sua famiglia. Disse al marito, che sedeva come sempre pacifico e beato davanti alla tivù, che il loro bravo figlio certe volte aveva ragione. Un viaggio ogni tanto le faceva proprio bene.

PS. Poiché la morale di questa storia è lampante, abbiamo rinunciato a esplicitarla nel finale. Basti dire quanto segue: far uscire di senno qualcuno è assai più difficile (e artistico) che reagire adeguatamente a una simile provocazione; a condizione, però, che si sia imparato a controllare le proprie passioni.

24.
Scambiare cortesie

Ci sono davvero persone che, alla domanda: “Come stai?”, rispondono: “In verità non t’interessa affatto!”. O addirittura: “Una settimana fa il mio ragazzo mi ha lasciato, da allora bevo ogni giorno una bottiglia di vino rosso, e il mio capo mi ha fatto notare che puzzo sempre d’alcol. Sto male”.

Che franchezza irriguardosa e rozza! No, è preferibile attenersi al costume anglosassone e, alla domanda: “Come stai?”, rispondere semplicemente: “Bene!”.

Chi, dimentico del tempo, gironzola all’interno di una libreria pochi secondi dopo l’ora di chiusura, è subito raggiunto di soppiatto da una commessa che gli dice: “Si chiude”. Non lo dice sgarbatamente, ma chiaro e tondo, e non le verrebbe mai in mente di proferire con la massima discrezione, com’è costume altrove: “Sir, is there anything else I can do for you?”.

La cortesia crea distanza tra le persone, è il baluardo contro la schiettezza offensiva, nobilita l’insormontabile estraneità che le separa. E poiché in passato il confronto con gli estranei avveniva soprattutto presso le corti del mondo e nelle grandi città, due milieu che però in Germania hanno conosciuto ben deboli sviluppi, in fatto di cortesia il nostro paese è ancora oggi un po' arretrato.

Perché essere cortesi? Il filosofo Arthur Schopenhauer, per descrivere la società moderna, ha raccontato la storia dei porcospini. In una fredda giornata d'inverno, i poveri animali si stringono l'uno all'altro, ma appena i loro corpi irti di spine si avvicinano, si feriscono e il dolore li costringe a distaccarsi. Se però si allontanano troppo, rischiano di morire congelati. Solo quando hanno trovato una "moderata distanza reciproca" riescono a stare più o meno bene. I porcospini di questa storiella siamo naturalmente noi uomini: solo in una "moderata distanza reciproca" sopportiamo tutto ciò che di sgradevole ci contraddistingue.

Scambiamo la maggior parte delle cortesie in modo del tutto naturale. Il saluto mattutino, ad esempio. Un comportamento anche solo un po' cortese ci rende tutt'altro che sgraditi, e questo può sempre tornarci utile. Abbiamo detto "anche solo un po'", perché le raffinate regole dell'etichetta altoborghese, nonostante l'odierna attitudine a tenerle in gran conto, sono cadute oltremodo nel dimenticatoio. Quale uomo ai giorni nostri, a meno che non appartenga alla più ristretta élite, si alzerebbe in piedi, al ristorante, non appena la donna si accingesse a recarsi alla toilette per incipriarsi il naso? Quest'ultima, confusa, gli chiederebbe come mai vuole già andarsene, se la serata non gli piace ecc.

Simili condotte estreme, benché molti galatei anche recenti affermino il contrario, vanno assolutamente evitate, poiché destano un'impressione di eccessiva ostentazione. Se lei si alza per andare a incipriarsi il naso, per l'amor di Dio, restate seduti!

Più difficile è orientarsi in comportamenti che solo pochi anni fa erano malvisti, ma che oggi conoscono ormai un bizzarro revival. Bisogna aiutare una ragazza a togliersi il cappotto? Qui le opinioni divergono anche molto, e il modo migliore per salvarsi è far passare la propria offerta in modo ironico. Ad esempio, ma è solo una proposta, si potrebbe dire: "Gentile signora, vuole darmi il cappotto?". È giusto un modo di esser spiritosi, perché ovviamente i due che stanno per cenare insieme si danno del tu. Anzi, sarebbe sbagliato dire che a un certo punto hanno cominciato a darsi del tu; piuttosto, com'è ormai divenuta consuetudine in molti ambienti, si sono dati del tu fin da subito.

In questo senso il ritorno in auge della cortesia ha comportato una certa complicazione nei rapporti – soprattutto tra i due sessi –, poiché oggi vige il precetto di essere informali e cortesi al tempo stesso; un paradosso che può essere discretamente risolto mandando segnali ironici. Ci sembra che, nonostante il risveglio di questa consapevolezza della forma, nelle faccende amorose ciò che rischia maggiormente di gettarci nel discredito sia ancor sempre un eccesso di attenzioni per l'altro, non certo un'affascinante noncuranza. Nella maggior parte dei casi è più che sufficiente manifestare la volontà di esser cortesi; anche per questo ora non passeremo a illustrare l'uso corretto delle posate. Basterà accennare a una cattiva usanza che il narratore talvolta ha notato: è sempre stato sconveniente, lo è tutt'oggi e sempre lo sarà, utilizzare un tovagliolo a mo' di fazzoletto – non importa se è di stoffa o di carta, né se si è sbronzi davanti a un chiosco o se si sta assaporando, ugualmente sbronzi, un pollo novello in gelatina in manto di pane nero con foie gras e salsa all'aceto di prugne in un ristorante premiato con ogni sorta di stella.

Per l'artista della dissimulazione la cortesia assume uno speciale interesse quando è usata come strumento di potere per scopi mirati, e non quando funge da condimento ovvio e casuale della quotidianità. E il potere peculiare della cortesia si manifesta nella vita professionale. Qui, a condizione che sia celebrata alla stregua di un sapere occulto, genera facilmente una tensione, talvolta gradita, tra gli interlocutori. Sa essere perfidamente rozza, in quanto scredita i meno capaci. Ma poiché assume le sembianze di una dimostrazione di rispetto, è praticamente impossibile criticarla. La cortesia provoca imbarazzi impotenti ogni qual volta un arrivista, ad esempio durante un colloquio d'assunzione, si vede costretto a smascherare le proprie origini.

Una capa, ad esempio di un istituto di ricerche

di mercato, mostrando a un giovane i locali dell'azienda potrebbe dire: “Vada pure avanti”. Si aspetterà che il giovane dica: “Oh, no, la prego”. Se lui, come se niente fosse, la precederà intrepido, si potrà sempre ricorrere al naso arricciato, che è già una sentenza: difficilmente il giovane in futuro avrà l'onore di frequentare il salotto buono della signora.

Il ritorno della cortesia, per quanto intriso d'ironia, è anche il ritorno dello scoramento, della rabbia, degli intrighi degli arrivisti.

25.
Cambiare opinione

Non pochi si vantano di restare sempre fedeli ai propri principi, di un'opinione irremovibile, del loro convincimento più profondo. Certo, una simile riduzione delle opzioni di scelta semplifica molto le cose in un mondo che si disgrega in infinite possibilità. Ma un tale rigore porta con sé più che altro svantaggi.

Siete una donna che ha qualche buona ragione per dirsi contenta di vivere. Sono passati già due giorni dalla festa dove siete capitata per caso (un'amica vi ha chiesto di accompagnarla), ma ancora vi coglie un brivido di disagio. Se solo ripensate all'acquavite all'anice che avete bevuto alla fine, tra persone fidate, e che vi ha procurato il più tremendo dei mal di testa... Orribile. Ieri avete trascorso l'intera giornata a letto mormorando imprecazioni. Va be', può succedere. Stamattina vi guardate allo specchio, tutto è di nuovo a posto. Ieri il viso vi era parso terribilmente gonfio, oddioddio!, non avreste aperto nemmeno ai pompieri.

Il ricordo è frammentario. Prima quel tizio... Timo... già, Timo, parlava tanto di un bar che gestisce da poco. Era tutt'altro che brutto, la barba di tre giorni aveva qualcosa di audace, forse il profumo che aveva addosso era un po' forte, ma la sua ragazza... Per un attimo vi viene da ridere a ripensare a come gli è corsa incontro completamente fuori di sé e gli ha mollato uno schiaffo. Furia pura. È successo veramente? Oggi vi sembra del tutto irreale. Cosa le aveva preso? Adesso ovviamente tutti pensano che foste voi la causa dello schiaffo, che avevate una storia con quel Timo e che la sua ragazza, poverina, a quel punto aveva perso le staffe. Ah, che pensi quel che vuole, la gente. Oddio, in effetti un po' ci avete flirtato, gli avete anche sorriso, ma entro i limiti, era pur sempre una festa... E comunque non vorreste esservi trovata nei panni di quella, com'è che si chiamava, Anja...

Oggi Timo si farà certamente vivo, vorrà bere un caffè, fare una passeggiata, dirà che c'è una mostra in un posto o nell'altro, si potrebbe visitarla insieme, o magari andare al cinema! Sapete come sono fatti gli uomini. No, mai! È sempre una pessima cosa quando sono ancora impelagati nel caos di una relazione, si diventa presto il terzo infelice e bisogna consolarli, un giorno a letto e l'altro al bar. Voi non farete nulla di simile!

Tuttavia sarebbe di nuovo il momento giusto per avere un uomo. Tanto per non perdere l'abitudine. Nella vita ormai è tutto abbastanza chiaro, un uomo così non deve mica diventare subito una cosa seria, si può andare avanti per un po', vedere come va. L'altro tizio in effetti era... odiate questa parola, ma vi è venuta in mente... dolce. L'altro, quello con cui vi siete messa a parlare dopo aver preso le distanze da Timo, dopo la faccenda dello schiaffo. È stato lui a rivolgervi la parola, o siete state voi? In realtà non sapete neanche più esattamente che aspetto avesse, del resto era già tardi, e quel mormorio tutt'intorno, vi siete ritirate con lui in una nicchia poco frequentata e avete riso un bel po' sparlando degli altri, proprio così, era un tipo spiritoso. Dopo la confusione dello schiaffo, in ogni caso, quel tête-à-tête aveva avuto un effetto abbastanza rilassante. L'avete baciato? Ah, se solo lo sapeste! Comunque a un certo punto si è allontanato. E questo in effetti un po' vi ha offesa, poco poco, ma non significa ancora nulla, del resto vi siete scambiati i numeri di telefono. Com'è che si chiamava? Poi in cucina era saltata fuori quell'acquavite all'anice. Di quella avreste potuto proprio fare a meno!

Ci si potrebbe regolare l'ora, sugli uomini, pensate in preda a un presentimento mentre il vostro cellulare, con un doppio bip, annuncia un sms. Non si fanno mai vivi il giorno dopo una festa. In quello dopo ancora, invece, sempre. Timo, ovviamente: "Caffè? Oggi? O domani?".

Lo lasciate perdere, probabilmente il conflitto con la vecchia ragazza si è inasprito ulteriormente. Carino però l'sms, niente di troppo eclatante, vi piace. Da qualche parte nella vostra borsetta dev'esserci il biglietto con il numero dell'altro. Rossetto, fazzoletti, assorbenti interni, agenda, nessun biglietto, maledizione. Ispezionate i jeans: soltanto la pellicola appallottolata di un pacchetto di sigarette. Forse avete salvato il numero direttamente nel cellulare, sì, dev'essere andata così, ma con quale nome? Con un carattere speciale, una stellina e basta, esatto, per fare in fretta, dev'essere andata così. Eccolo. Gli scrivete un sms: "Caffè? Oggi? O domani?".

La risposta arriva solo nel tardo pomeriggio, mentre state guardando un film in dvd con Walter Sindman e vi siete quasi appisolata davanti a una scena in cui una coppia chiacchiera a letto. Doppio bip: "Volentieri, ma al momento uno stress pazzesco, mi faccio vivo la settimana prossima. Cari saluti!".

Che complicato. Be', vorrà dire che non se ne fa niente! È andata male, pazienza.

Benissimo. Così si fa. E adesso non andrete in camera da letto, non vi metterete davanti allo specchio, non vi peserete giudicando freddamente se i due chili che avete messo su di recente si vedono e rovinano la vostra figura. Non sottoporrete a un giudizio impietoso il vostro volto, quelle due o tre rughe che alla vostra età, appena sopra i trent'anni, sono del tutto normali. Solo perché un uomo qualsiasi incontrato per caso non vi assedia subito con mazzi di fiori!

Farete qualcosa di completamente diverso, qualcosa più in sintonia con la vostra sana autostima. Poiché infatti sapete molto bene che i principi necessitano di un margine molto ampio d'interpretazione, a questo punto rispondete a Timo: "Oggi alle nove al bar ***". Un messaggio alquanto baldanzoso, certo, ma, poiché vi è capitato spesso di pensare che i tratti della femme fatale vi si addicono particolarmente, ne siete molto soddisfatta. E benché la risposta tradisca una punta d'ironia, un senso di trionfo s'impossessa di voi quando leggete: "Agli ordini!".

In un certo senso questa storia potrebbe valere come allegoria per tutte le morali di questo libro. Naturalmente, infatti, nessuna di esse ha la pretesa di valere di per sé. L'artista della dissimulazione più accorto non si attiene mai in modo pedissequo alle proprie regole, perché ciò limiterebbe troppo il suo spazio d'azione. È ben attento, invece, a mantenersi flessibile nella loro osservanza. Giacché tutto dipende sempre dal contesto, ed è proprio nell'adattare a quest'ultimo il proprio freddo strumentario analitico che si rivela la sua maestria.

Vi ricordate del direttore editoriale? Aveva calcolato in anticipo tre possibilità di condotta, a seconda di come si sarebbe comportato il suo giovane collaboratore. L'entità dell'aumento di stipendio sarebbe dipesa dal grado di resistenza opposto da Kai Lantzer.

Il pittore conosciuto da Annette Kirchmann la sedusse utilizzando l'aura del misterioso, poiché intuiva, a ragione, che un'aria spiritosa non avrebbe avuto nessun effetto su di lei – e poi la situazione eccezionale (due anime perdute su un'isola!)

richiedeva assolutamente il passaggio ulteriore a una dimensione drammatica.

E la signora Karst? Be', avrebbe certamente tenuto a freno la sua provocazione nei confronti di Sascha se avesse notato che non sortiva alcun effetto. Con una svolta da sofista, avrebbe cercato di risvegliare nel nostro avvocato una pietosa commozione, esponendogli tra le lacrime la propria situazione esistenziale (la malattia del marito, i problemi lavorativi del figlio ecc.).

L'artista della dissimulazione è flessibile. Sa nuotare con la corrente o contro di essa, a seconda di quale direzione gli promette più successo. La mancanza di principi è il suo principio. Egli ha sempre un'ultima carta da giocare.

26.
Saper affrontare situazioni imbarazzanti

Un professore molto bravo, esperto di letteratura francese del XIX secolo, insignito dei premi più diversi, amato dagli studenti e onorato ai compleanni tondi con scritti in suo onore, in seguito alla nomina di un collega mediocre, avvenuta a dispetto della sua disapprovazione nell'università in cui lavorava, cedette all'insistente corteggiamento di un altro ateneo che non solo aveva acconsentito a una ben più generosa dotazione della sua cattedra, ma si trovava per giunta in una metropoli in cui Karl-Heinz Wettering, questo il nome del professore, desiderava trasferirsi da molto tempo; annoiato dalla monotonia della vita quotidiana in una piccola città, egli si figurava di partecipare, più spesso di quanto era stato possibile fino a quel momento, ai ricevimenti del mondo della cultura, intavolando uno scambio vivace con i colleghi.

Nel suo studio, ospitato nella venerabile ala storica dell'università, i cui locali erano stati rinnovati per l'occasione con la massima cura, furono portati mobili chiari e confortevoli, e si era ormai in procinto di sistemarvi computer nuovi e poltrone.

Il discorso d'insediamento fu un pieno successo. Benché infatti Karl-Heinz Wettering fosse consapevole della solennità della sua entrata in scena (in questo caso si potrebbe parlare con qualche ragione di un uomo negli anni migliori), ebbe l'accortezza di non presentarsi con troppo sussiego, bensì con la freschezza e l'autoironia di uno spirito sveglio. Il suo intervento sulla *Commedia umana* di Balzac fu privo di costrutti ipotattici, anzi nitido nell'espressione e gradevole, alleggerito dalle battute più diverse e da osservazioni *a latere* apparentemente spontanee, sicché l'applauso, allo scoppio del quale egli s'inchinò con modestia, risuonò forte e a lungo.

Nel frattempo il suo studio era stato completamente arredato, e dalla finestra aperta entrava una luce tenue. Karl-Heinz Wettering era solo e, poiché era riuscito a far assumere, seppur in un primo momento a tempo determinato, anche i suoi tre collaboratori scientifici e una segretaria (avrebbero iniziato tutti la settimana successiva), per la prima volta provò un vago senso di vuoto, come quello che si manifesta sovente quando le cose, dopo un periodo di turbamento, s'incastrano a formare un'apparente perfezione, foriera di spensieratezza.

A quel punto Wettering avrebbe potuto rimettersi a lavorare al suo saggio su Flaubert, e si mise davvero alla scrivania, estrasse gli occhiali dal cassetto e stava per dare una scorsa a ciò che aveva già scritto, quando qualcuno bussò alla porta del suo studio.

"Ah, signora Kirchmann... del dipartimento di storia dell'arte, giusto, entri pure."

Quanti anni poteva avere? Con un'occhiata discreta Wettering la stimò sui trentacinque, professoressa a contratto. Aveva fatto brevemente la sua conoscenza dopo il discorso d'insediamento. Si erano trovati fianco a fianco davanti al buffet e lei aveva commentato il suo intervento con un'unica parola: "Fantastico!". Questo, come chiunque può facilmente capire, era piaciuto molto al nostro professore. Il quale aveva già saputo dai colleghi alcune cose sul conto della donna, ma si trattava più che altro d'insulse sconcezze, osservazioni sul suo aspetto, il quale comunque parlava da sé, poiché Annette Kirchmann, dalla figura piccola e snella, con quel suo viso sorprendentemente regolare, incorniciato dai capelli nerissimi, emanava la bellezza di una silfide. Wettering rammentò le parole del collega Meierwitz, secondo il quale Annette Kirchmann – e qui il collega aveva riso sgradevolmente – era più vitale di quanto si potesse pensare.

Era venuta, disse Annette Kirchmann, per fargli una proposta. Gli chiese se aveva voglia di organizzare assieme a lei, non subito ma prima o poi, un convegno interdisciplinare. Aveva letto solo di recente il suo saggio su Stendhal, un testo immensamente stimolante, e in alcune note a piè di pagina che le erano parse importanti aveva notato rimandi alla storia dell'arte – e poiché il realismo francese l'aveva sempre entusiasmata, perché non fare in modo, per così dire, di riuscir fecondi l'uno per l'altro? Il titolo del convegno poteva essere, ad esempio, *Stendhal e la pittura*.

Wettering, che non era per nulla propenso a prendere subito un simile impegno, disse: "Molto interessante!". E dopo una pausa nella quale vi fu, senza che nessuno dei due sapesse bene perché, un grande imbarazzo, aggiunse: "Si sieda pure!".

Parlarono dunque di Stendhal, soprattutto della *Certosa di Parma*; Wettering era fermamente convinto che fosse l'opera migliore dello scrittore francese. La maggior parte dei suoi colleghi, disse Wettering, misconosce questo fatto quando afferma che è un'opera troppo languida, kitsch, semplicemente inverosimile; Stendhal non avrebbe mai creato una cosa del genere per goffaggine, al contrario, si trattava di un gioco raffinato con tutto ciò che è languido, kitsch e inverosimile. Annette Kirchmann, integrando con le proprie osservazioni un aspetto o l'altro delle esternazioni di Wettering, si disse nel complesso assolutamente d'accordo e alla fine gli chiese se poteva essere così gentile da offrirgli qualcosa da bere, perché aveva sete.

Wettering, che aveva superato da un pezzo la timidezza iniziale, indicò un piccolo armadio a muro e le disse che c'era soltanto dello champagne. Aggiunse poi che erano già le sei, fine servizio per così dire. Aveva messo in conto almeno un po' di resistenza e si era già preparato una replica che la persuadesse, ma Annette Kirchmann, con sua grande sorpresa, rispose subito: “Fantastico!”.

Tre giorni dopo ecco Annette Kirchmann attraversare di nuovo i lunghi corridoi dell’università, diretta ancora una volta nello studio di Karl-Heinz Wettering, per approfondire, come d’accordo, i termini del convegno. Quando attraversò la biblioteca di letterature romanze, che confinava sul fondo con lo studio di Wettering, il professor Meierwitz, che sedeva tutto assorto con il busto tarchiato chino sui libri, sobbalzò al rumore dei suoi tacchi a spillo. Seguì quasi incredulo i suoi passi danzanti e vide bene che Wettering le aveva già aperto la porta e che l’accolse salutandola con un bacio sulla guancia. Cosa ci farà tutto il tempo da Wettering?, pensò Meierwitz sfogliando distratto un volume di grande formato costellato di minuscole note a piè di pagina. Poi si pulì meticolosamente gli occhiali.

Erano già quasi le otto. Di lì a poco la biblioteca avrebbe chiuso. Meierwitz, dopo aver escogitato una domanda che giustificasse il fatto di cercare Wettering a quell’ora tarda, bussò alla porta dello studio. Non accadde nulla. Dopo essersi accertato che nessuno lo stesse osservando, accostò l’orecchio alla porta. Gli parve di udire un colpo di tosse, un tira e molla ritmico e costante, una risata sommessa. Lentamente, come guidato da una forza estranea, abbassò la maniglia, spinse la porta e, muovendo brevi passi, entrò.

Ci vollero alcuni secondi prima che la coppia,

che aveva le membra avvinghiate in modo piuttosto convenzionale, si accorgesse del collega che, fermo sulla soglia, li osservava a bocca aperta, pallido e incredulo.

Ora, chi si trova in una situazione così imbarazzante spesso reagisce nel modo sbagliato: in preda all'agitazione esplode in movimenti goffi, si scusa servilmente per la confusione ecc. Non così Karl-Heinz Wettering, dotato di un autocontrollo davvero sorprendente. Fu solo un breve attimo quello in cui trasalì alla vista del collega che li stava osservando; poi Wettering si rivolse ad Annette Kirchmann, dalla quale si era subito staccato, pregandola di scusarlo un momento, e dopo essersi agilmente rialzato i calzoni si fece incontro al collega Meierwitz e gli chiese come poteva essergli d'aiuto. Era così assorto, disse, nel colloquio con la signora Kirchmann, che non si era proprio accorto che qualcuno avesse bussato. Poi gli si avvicinò di un altro passo. Meierwitz uscì senza dire una parola. Wettering chiuse la porta.

Ogni volta che ci si trova in una situazione imbarazzante, per evitare danni ulteriori bisogna comportarsi con la più grande naturalezza, con sovranità, in modo da generare nell'osservatore, messo di fronte al proprio odioso attonimento, una penosa sensazione di meschinità. Il nostro professore, pertanto, non avrebbe potuto comportarsi in modo migliore. In alternativa è possibile dribblare la situazione con l'autoironia: "Ahi

ahi, ci ha beccati!". Ma è subito evidente che questa è solo una seconda scelta.

È vero, vergogna e imbarazzo non si possono sempre evitare, anzi, il filosofo Helmuth Plessner presuppone che ognuno di noi a un certo punto diventi "la caricatura di se stesso", poiché l'interiorità che vogliamo manifestare a volte s'infrange contro i limiti del corpo e delle sue possibilità espressive, e questa è la premessa di ogni comicità. Ma proprio tali situazioni sono, a loro volta, occasioni magnifiche per mettere alla prova, nel modo più felice, la nostra capacità di dominarci e dominare.

27.
Non essere mai invadenti

Come sono sventurate le persone invadenti! Quelle che un desiderio ardente ha reso prive di ogni pazienza, di ogni tatto. Quelle in preda a una febbre, infervorate, che aspirano assolutamente a un appagamento, a una rivelazione.

E come sono irrequiete, oggi come in tutte le epoche, le persone innamorate, impotenti nei confronti del proprio sentimento! Scrivono due o tre sms a breve distanza l'uno dall'altro, non cercano più di placare le proprie pene pizzicando le corde di una chitarra, ma muovendo le dita sulla tastiera minuscola di un cellulare. E poi fissano febbrilmente il display che non annuncia nessuna risposta, nessun sollievo al loro desiderio. Allora telefonano, più volte, ma dall'altra parte odono soltanto la voce cordiale della segreteria telefonica.

Abbagliati! Lasciate perdere!

Una simile idea generale sugli uomini se l'era fatta, dopo varie esperienze piuttosto brutte, l'ormai disperata impaginatrice di una grossa rivista di moda. Era seduta al bar con l'amica, più giovane di lei di pochi anni. Era autunno, la strada era disseminata di foglie ma, grazie ai funghi riscaldanti lungo il marciapiede, le due amiche sentivano freddo solo intorno alle caviglie, giusto un poco. E poiché ogni tanto il tetto di nuvole sopra di loro era addirittura squarciato dal sole, le due donne avevano posato sul tavolo tra i caffè, a portata di mano, i grandi occhiali da sole.

In un primo momento l'impaginatrice aveva dovuto consolare l'amica, che era stata costretta a dimissioni forzate dall'istituto di ricerche di mercato dove lavorava. L'impaginatrice non si era soltanto prodigata in parole incoraggianti e dimostrazioni di compassione accompagnate da molti gesti affettuosi, ma aveva anche assicurato l'amica che quell'impiego non faceva per lei, che in realtà poteva essere contenta di non dover più lavorare: "Era un postaccio! Ti meriti di meglio!".

La giovane amica fu particolarmente grata di un consiglio che avrebbe potuto esserle d'aiuto. Una vecchia conoscente dell'impaginatrice, infatti, lavorava nella sezione creativa di un'azienda che produceva magliette. Vi s'ideavano slogan da stampare sui capi. E l'impaginatrice aveva saputo che cercavano un collaboratore.

"Sei così creativa! Fai domanda da loro," suggerì. L'amica disse: "Forse hai ragione".

"Ora però di me abbiamo parlato abbastanza," proseguì poi quest'ultima dopo una piccola pausa per accendersi una sigaretta. "Tu come stai?" L'impaginatrice aveva atteso a lungo quella domanda, poiché desiderava ardentemente raccontare le proprie raccapriccianti esperienze.

"Oh," disse (era un "oh" che pareva celare in sé tutta la fragile struttura del mondo). Dopo una pausa ben dosata, partì con il resoconto – che l'amica non ascoltava per la prima volta – sull'ex-ragazzo, uno scrittore che dopo la loro separazione aveva sfondato con un romanzetto di poche pagine. L'impaginatrice disse che, benché la storia fosse ambientata a Milano, vi appariva un personaggio, l'ex-ragazza del protagonista, che le somigliava in modo imbarazzante. Era una donna, o così la descriveva il narratore, decisamente bella, dal carattere problematico, la cui perfidia e malignità erano dipinte con tratti talmente grezzi che l'impaginatrice non si spiegava come quell'opera abborracciata avesse potuto entusiasmare un pubblico tanto ampio. "Forse proprio per questo!" esclamò poi guardando confusa il caffè che tremolava nelle tazze, neanche vi fosse un terremoto. Aveva battuto il pugno sul tavolo? Non importa.

Anche il racconto successivo, che riguardava la liaison con un pittore, era già noto all'amica dell'impaginatrice: era un uomo privo di spirito ma tutt'altro che sgradevole, disse, l'aveva rimorchiato giusto per una notte, per consolarsi, senza troppi rimorsi di coscienza. E benché la giovane amica non avesse lasciato trasparire in nessun modo la propria impazienza, fu sollevata quando l'impaginatrice passò a parlare di esperienze più recenti.

Dopo aver "scaricato" il pittore, così si espresse l'impaginatrice, seguendo l'esempio di alcuni conoscenti si era iscritta a un'agenzia matrimoniale on line; per pura curiosità, sottolineò ridendo, per vedere un po' "come funzionava". L'agenzia matrimoniale on line aveva il grande vantaggio, rispetto agli habitat naturali, di permettere una selezione preliminare assai rigorosa tra chi si desiderava incontrare e chi no. I profili che alcuni uomini avevano messo in rete erano piuttosto sgradevoli. Uno su due voleva crescere a fianco della donna anelata "con il sorriso sulle labbra". Alcuni si abbandonavano alle peggiori fantasticherie vagheggiando scenari davanti a un camino o a un tramonto, altri promettevano boriosamente arditi viaggi in giro per il mondo. Ma i meno attraenti erano parsi all'impaginatrice gli autoritratti di educatori sociali e psicologi; la retorica sentimentale con cui cercavano di entusiasmare la potenziale interessata (si dichiaravano comprensivi, affettuosi ecc.) le era sembrata così poco virile da suscitarle un moto di rifiuto, un misto di orrore e divertimento, come alla vista di un brutto animale da zoo.

In breve, l'impaginatrice raccontò che dopo quella selezione preliminare aveva incontrato solamente due uomini, ed era stata la cosa peggiore che le fosse mai capitata.

Il primo, un certo Sebastian, abbronzato, programmatore in una ditta di cellulari, era talmente su di giri che, al ristorante dove si erano incontrati, si era buttato con foga sul cibo e sulla birra, tanto che alla fine gli era scappato un sonoro rutto, che lo aveva fatto arrossire violentemente. Turbato da quell'incidente, non era stato più capace di riprendere una conversazione minimamente sensata. Scambiandosi poche altre parole e fingendosi a proprio agio, avevano consumato alla svelta il dessert.

E benché, come chiunque può capire, l'incontro non invitasse propriamente a una replica, l'impaginatrice non aveva smesso di ricevere mail e sms oltremodo invadenti. Anzi, poco tempo prima Sebastian aveva avuto la sfacciataggine di lasciare nella portineria della redazione una scatola di cioccolatini, il che aveva dato la stura alle battute goliardiche dei colleghi. Di certo anche perché la confezione era a forma di cuore.

Il secondo uomo fu, se possibile, una delusione ancor più grande per la nostra impaginatrice. Heiko, reporter di una testata locale, non l'aveva nemmeno aiutata a togliersi il cappotto e, senza porle una sola domanda, si era subito impossessato della scena mettendosi a raccontare del proprio appassionante lavoro; aveva una colonna tutta sua, che usciva regolarmente, stava progettando un ritratto dell'attore Walter Sindman ecc. Mentre parlava continuava a piegarsi, minaccioso, sull'impaginatrice, la quale non solo dovette constatare che il reporter puzzava, ma anche che vari resti di cibo, tra i quali le parve di distinguere un pezzetto di carne di pollo, gli erano rimasti impigliati tra i denti. Heiko si trovava nel bel mezzo di una frase e aveva già alzato il tono in vista dell'effetto finale, sicché rimase assai sorpreso quando l'impaginatrice interruppe l'incontro adducendo improvvisi dolori mestruali e, con gesti di sofferenza, lo pregò di accompagnarla a casa.

Le amiche risero e ordinarono altri due caffè. Per certi aspetti quegli incontri erano proprio divertenti. Benché, come disse l'impaginatrice, fosse assai fastidioso che da allora anche Heiko la importunasse con messaggini baldanzosi; nell'ultimo le diceva persino che aveva una voce erotica, il che le era parso sospetto se non altro perché non ricordava di aver parlato molto, quella sera.

Il giudizio dell'impaginatrice sugli uomini qui presentati è duro, ma dobbiamo darle ragione. Più ancora che di un approccio baldanzoso, l'amore ha forse bisogno, per sbocciare pienamente, di un'assenza ben dosata della persona desiderata. Anzi, a questo punto dobbiamo più che mai ricordare che è proprio l'assenza a generare una certa aura. Quanto più uno sa mostrarsi inavvicinabile in virtù della posizione che rappresenta – e questo vale sia in amore sia nella vita professionale –, tanto maggiori sono l'attenzione e la deferenza nei suoi confronti. È la rarità dello sguardo a elevare una persona. Essere in contatto con lei è come un dono della grazia. La rarità dello sguardo, una ritrosia mirata, è sempre il fondamento della fama del potente, il quale non appare mai come la *longa manus* di qualcun altro, ma dà sempre l'impressione di essere intoccabile, inattaccabile e indipendente in sommo grado.

È vero, ad ogni modo, che l'assenza della persona desiderata accende l'immaginazione, cosa che l'impaginatrice ha già dovuto sperimentare di persona – ritrovandosi, quelle due o tre volte, in uno stato d'animo tutt'altro che speranzoso.

28.

Sapersi vestire

Ogni tanto si sente dire che l'importante, nel vestirsi, è trovarsi a proprio agio. Non è vero. Ciò che conta è avere un bell'aspetto, accettare le costrizioni sociali che si accompagnano alla moda, e non invece opporvisi, come qualcuno fa, ad esempio rifiutando di depilarsi le gambe o le ascelle.

È stato detto, a ragione, che spesso in Germania la moda non viene compresa nella sua più intima essenza, che i tedeschi non hanno una vera cognizione dello spazio pubblico e perciò rifiutano i dettami della moda considerandoli sintomo di una dittatura degli ideali di bellezza o del dominio del mercato. Ogni forma di eleganza è considerata un peccato.

È certamente vero, benché vi siano segni di miglioramento, ma la goffaggine latente in fatto di abbigliamento rende la moda molto interessante per l'artista della dissimulazione. Poiché egli, diversamente da tutti quei maschi che girano con sandali e calzini di spugna, sa usare abilmente il vestiario per portare l'attenzione su di sé.

In questa sede non è certo possibile dare indicazioni precise sul guardaroba migliore. L'odierno ideale di bellezza è troppo antidogmatico. Accanto a capi aderenti, volti a dare rilievo a una forma corporea perfetta, si trovano abiti simili a tuniche; niente è più tabù, né i tessuti sportivi alle serate di gala né un abito su misura indossato a un party qualsiasi. Eppure l'occhio allenato riconosce subito se una citazione ironica, un paio di baffi ad esempio, è fatta consapevolmente o se invece chi li porta ha solo tratto in salvo la propria vecchia barba in un'epoca di nuovo disposta, o quasi, a tollerarla. In ogni caso la moda sembra aver esaurito il suo repertorio di forme, e ormai si tratta soprattutto di saper cogliere tempestivamente il revival di un certo stile, abbigliandosi di conseguenza.

In ogni scelta consapevole degli abiti c'è la voglia di esibirsi, l'annuncio della seduzione; scegliere gli abiti porta alla luce la vera natura dell'essere umano, quella che il filosofo Helmuth Plessner ha chiamato la sua "intoccabilità che invita a toccare", la sua voglia di abbagliare i propri simili.

La competenza che permette di vestirsi in maniera appropriata è sempre anche una dimostrazione di potere. Sapersi vestire significa conoscere i codici della società nella quale ci si sta facendo strada; significa creare i presupposti affinché non ci indichino subito la porta. È tuttavia al contempo molto vantaggioso infrangere i codici di un determinato gruppo. Per esempio, quando a Stephan Karst fu conferito un generoso premio, offerto da una banca, per il progetto preliminare di un ardito complesso di case a schiera, egli indossava abiti marcatamente informali. Mentre un noto professore di architettura dai capelli radi, incaricato di tenere la *laudatio*, era salito sul palco in abito su misura e farfallino, Stephan Karst ritirò il premio in abito intero, indossando però sotto la giacca una maglietta molto casual con una scritta che avrebbe potuto dirsi quasi "impertinente", e questo gli conferiva un'aria sbarazzina che piacque soprattutto alle signore del pubblico più in là con gli anni, sempre molto ben disposte nei confronti della gioventù.

Viceversa, Stephan Karst avrebbe forse fatto ugualmente colpo se si fosse presentato a un party qualsiasi (come non ha mai fatto) con l'abito del professore d'architettura (oddio, magari senza farfallino). Solo quando infrangiamo coraggiosamente i codici, solo allora ciò che indossiamo ci permette di far colpo. Solo allora ci verranno attribuite estrosità e indipendenza, e con esse un'aura erotica.

Più avanti avremo occasione di riferire di un cameriere che, innamoratosi ardentemente di una donna dai capelli neri e corti, rimase abbagliato dalla sua sconvolgente bellezza. Certo, è possibile che la camicetta un po' stravagante che lei indossava – bianca, a tunica e con un grande colletto (i bordi delle maniche erano ricamati a mano con perline rosse) –, abbia rafforzato l'impressione favorevole che egli ne ricevette; con quel capo indosso, infatti, ella si distingueva da tutte le altre donne presenti nel bar, che erano vestite (forse anche perché tutte mamme) in modo piuttosto sportivo (jeans e maglietta), quindi più banale.

Naturalmente non bisogna mai esagerare nel distinguersi. Superare il limite oltre il quale si appare come un fenomeno curioso, come una persona ridicola esposta all'altrui sguardo imbarazzato e allibito (cappello di piume, vestito rococò e tutto ciò che è visibilmente di poco prezzo), non è consigliabile.

Quel che però è sempre e ovunque disprezzabile, è che la comodità, il benessere e la naturalezza siano elevati al rango di criteri per la scelta del vestiario. Senza un certo tipo di abbigliamento è ben difficile emergere. Giacché il corpo in cui viviamo è sempre in una certa misura anche il nostro più assiduo nemico. Assumerne il controllo, precisamente con tessuti e cartamodelli, accresce la nostra visibilità fino a procurarci la massima considerazione.

29.
Mentire a se stessi

Ogni artista della dissimulazione conosce bene la contraddizione nella quale giocoforza si trova. Da un lato ha il più perfetto controllo delle proprie emozioni, osserva freddamente se stesso e gli altri; dall'altro, se vuole avere successo, ha bisogno di sopravvalutarsi un po', e dunque di illudersi. Giacché a volte lo sguardo freddo su se stessi induce a riflettere troppo sulle proprie caratteristiche, e questo non aiuta. Ognuno di noi conosce persone che si flagellano in continuazione: la pancia troppo grassa, il naso troppo largo, i capelli troppo radi, i piedi troppo grandi. Sono persone che amano telefonare agli amici e poi parlare dei propri difetti fisici, il che per gli amici è seccante. Al primo appuntamento questi autoflagellanti riescono a malapena a concentrarsi, presi come sono a tirare in dentro la pancia o a nascondere i piedi sotto il tavolo. Solo al prezzo di sforzi atroci riescono a concentrarsi sulla conversazione, e spesso lasciano un'impressione penosa.

Chi è assorbito incessantemente da se stesso è un fastidio anche per tutti coloro che, a un ricevimento, una festa di compleanno o un matrimonio, intendono fare la sua conoscenza. Certo, è assai scortese reagire in modo laconico a un avvio di conversazione ponderatamente timido da parte di un estraneo – come ha fatto ad esempio Angelika quando, alla festa di un'amica, un giovane scrittore le ha rivolto la parola e lei, funestamente avviluppata nei propri pensieri, lo ha cacciato.

Angelika in realtà era contenta di essere andata, una volta tanto, a una festa senza Frank, il suo ragazzo; dopo un violento alterco gli aveva consigliato a chiare lettere di starsene a casa. Tra i due le cose non andavano più troppo bene. La perfezione stessa del loro legame li aveva stufati; persino l'appartamento in cui vivevano si trovava in una zona eccitante e, per merito di Angelika, era arredato con gusto; al momento erano anche tranquilli economicamente. Frank aveva un lavoro fisso in uno studio di architettura, Angelika era fotografa free lance.

Angelika guadagnava soprattutto scattando foto per opuscoli aziendali, immagini suggestive di manager nei loro uffici, di mense e grattacieli in vetro. Certo, non era esattamente quello che aveva sognato. In segreto aveva sempre sperato in un brillante futuro come artista celebrata, con scatti esposti in musei e gallerie rinomate.

Ora, è vero che l'anno prima aveva organizzato a proprie spese (più precisamente grazie al generoso sostegno dei genitori) una mostra con altri due fotografi e non aveva pensato minimamente di archiviarla come un insuccesso (dopotutto aveva udito molte parole d'incoraggiamento), ma aveva venduto soltanto due foto, seppure di grande formato, e su questo c'era poco da cavillare. Peraltro a comprarle era stata sua nonna, fatto non privo d'ironia, specie perché la donna soffriva ormai da tempo di glaucoma. In ogni caso il soggiorno dell'anziana signora è ancor oggi abbellito da due fotografie che mostrano, in bianco e nero, la struttura legnosa di due sequoie che Angelika aveva immortalato in tutti i modi possibili durante un soggiorno di studio in California.

Le immagini della natura erano la sua specialità – laghi nei quali si riflettevano boschi e monti deformati erano appesi un po' dappertutto nel suo appartamento, e i visitatori li guardavano sempre con grande interesse; e Angelika era rimasta sensibilmente ferita dal fatto che Frank, durante il violento alterco del tardo pomeriggio, avesse affermato che quelle foto gli davano la nausea, che non ne poteva più di quei maledetti alberi e laghi.

Certe frasi sortiscono il loro effetto solo dopo qualche ora. È vero che alla festa Angelika s'intrattenne con alcuni amici parlando d'inezie quotidiane e simulando una certa allegria, ma i suoi pensieri non si staccavano dalle foto. In un certo senso Frank non aveva forse ragione? Non si era montata un po' la testa, per tutti quegli anni, con le fotografie? Era forse condannata a decorare per sempre opuscoli aziendali? Se almeno avesse ottenuto ancora una volta un incarico per un servizio di moda! Solo una volta, pochi mesi prima, una rivista di moda l'aveva contattata. Moda maschile. Aveva acconciato e fotografato tipi androgini, stravaccati a petto nudo su poltrone barocche, gli sguardi lascivi verso l'obiettivo e le mani, su indicazione di Angelika, posate licenziosamente sui genitali coperti da sottili pantaloni di tendenza; doveva essere qualcosa di un po' spiritoso, sovversivo. Ma le foto non piacquero all'impaginatrice della rivista di moda che le trovò troppo volgari, inutilizzabili, impubblicabili... Mica producevano materiale porno per gay. Vi fu comunque un cachet compensativo.

Alla festa Angelika pensò a tutte le piccole sconfitte della sua vita, alle mostre organizzate in privato, che erano state, doveva riconoscerlo, semplicemente penose; probabilmente erano stati i suoi genitori che, per compassione, avevano convinto la nonna a comprarle le foto; e pensò al suo ragazzo, Frank, l'architetto, che forse dentro di sé ne aveva sempre riso, pensò a lui proprio mentre si rivolgeva al giovane scrittore con un semplice ma amabilmente spontaneo "Allora, come va?"; erano quasi le undici, si trovavano nello studio della padrona di casa, e Angelika accompagnò le proprie parole con un sorriso fine, che qui non possiamo che elogiare per la sua gradevolezza.

Proprio allora lo scrittore si sentiva, a ragione, all'apice del successo. Il suo esile romanzo, una turbolenta storia d'amore ambientata a Milano, si vendeva alla grande e, dopo anni trascorsi nel più amaro insuccesso, egli si cullava nelle lusinghe: persone che erano sempre state scettiche nei suoi confronti adesso gli assestavano pacche sulle spalle o gli giravano intorno, come capitate lì per caso, per stargli il più vicino possibile. Tra gli ospiti della festa evitò soltanto, ma con cura, una conoscente della sua ex, in modo da non ritrovarsi coinvolto in una conversazione antipatica. Rimase per lo più in cucina, il che aveva il piccolo svantaggio di costringerlo ogni volta a pregare i suoi amici di procurargli qualcosa da bere – anche se, dopotutto, il fatto di non doversi occupare personalmente di simili prosaicità ben si addiceva all'aura dell'uomo di successo.

La seconda preoccupazione che di tanto in tanto s'insinuava in lui era il vago sospetto che la sua nuova ragazza, conosciuta dopo una delle sue affollatissime letture pubbliche, potesse essere stata un passo falso. Da quando era andata esaurendosi la prima fase, trascorsa all'insegna di un'ardente carnalità, si ritrovavano spesso seduti in silenzio in qualche bar della città, e gli dava fastidio che lei lo guardasse ancora con riverenza e lo accarezzasse in continuazione, sdolcinata, come se avesse davanti la creatura più fragile dell'universo. Non gli piaceva nemmeno – ma non osava dirglielo – quando gli si rivolgeva chiamandolo "Mio leone!". Era un bene che in quel fine settimana fosse andata, seppur controvoglia, a trovare i genitori.

Perché stiamo raccontando questa storia così povera d'eventi? In effetti essa tratta sostanzialmente di un solo, minuscolo avvenimento verificatosi a una festa, come ne accadono ogni sera dappertutto: Angelika, tormentata dai dubbi su se stessa, quando le fu rivolta la parola tenne lo sguardo a terra e disse solo: "Cosa?... ehm, non ne ho idea". Poi si dedicò al proprio bicchiere. Lo scrittore, che in quel periodo non era davvero abituato ai rifiuti, passò oltre, non poco confuso; per tutto il resto della festa, i due si evitarono.

Ora, al narratore, l'onnisciente, questo piccolo episodio rincresce molto, perché lo scrittore e la fotografa erano fatti l'uno per l'altra, e però non si rincontrarono mai più. Si sarebbero completati magnificamente grazie a numerose qualità caratteriali che qui non possono essere illustrate, poiché non hanno stretta attinenza con il nostro argomento. Basterà dire quanto segue: alla fine della loro vita, i due sarebbero diventati una coppia di nonni come quelle che si vedono nelle pubblicità. Li avremmo trovati raggianti, seduti sotto un albero con i loro splendidi nipoti cicciottelli, intenti a mangiare succosissime mele e a ripercorrere con la memoria una vita incredibilmente ricca di eventi e offuscata solo da pochi sgambetti del destino. E ancora alla loro veneranda età si sarebbero dolcemente carezzati le guance l'un l'altra. Ma così non accadde e, come il narratore sa, sia Angelika che il giovane scrittore si sarebbero ostinati ancora molto, troppo a lungo nelle loro precedenti relazioni, e questo li avrebbe trasformati in persone insensibili e quasi sgradevoli – ah, lungi da noi quest'orribile pensiero!

Nulla è più dannoso di un'insicurezza impenitente. Spesso essa nasce da un eccesso di pensiero. Non bisognerebbe mai pensare troppo. Peraltro, un tale inaridimento provocato dalla pena di sé non va confuso con una rigidità mirata, una goffaggine consapevole, che può apparire molto civettuola e suggerire un'eccitazione erotica. A quel punto però non si terrà mai lo sguardo a terra, avari di parole, bensì, al contrario, si parlerà piuttosto un filino di troppo.

È assolutamente importante far sì che l'osservazione di noi stessi non giunga a logorarci; per quanto paradossale possa sembrare, essa non deve mai portare alla luce la nuda verità. Ed è proprio nelle faccende d'amore che si vede come, per non perdere nessuna occasione, ci si debba sempre sforzare di ignorarsi un po'. E sopravvalutarsi, giusto un poco, è sempre di gran lunga più sensato che sottovalutarsi. Come faceva il nostro scrittore durante le letture pubbliche: entrava sempre in scena con dignitosa autoconsapevolezza, come se non vi fosse mai stato un tempo nel quale, depresso dalle scarsissime vendite dei suoi libri, beveva vino scadente in quantità.

Il cimento dell'artista della dissimulazione equivale a un'automenzogna: egli cela a se stesso le proprie debolezze. Questo nascondimento è garanzia di successo e tallone d'Achille al contempo. Tra questi due poli egli si muove magnificamente.

30.
Essere magri

Un uomo ancora abbastanza giovane, di nome Olaf Herse, incontrò al supermercato – nel suo carrello corn-flakes, due tavolette di cioccolato, una bottiglia di vino e vari tipi di formaggio – un vecchio conoscente che non vedeva da circa un anno. Quest'ultimo salutò Olaf Herse con una semplice occhiata, in silenzio, lo squadrò beffardamente e sogghignò. Si capiva benissimo che cosa lo aveva colpito. La vita aveva allontanato alquanto i due amici: in quell'anno Olaf Herse aveva messo su, a occhio e croce, dieci chili.

È difficile dire quale fosse stata la causa, forse l'età (sui trentacinque), o forse una carriera non priva di asperità (numerose domande e colloqui d'assunzione, il reiterato cambiamento di datore di lavoro ecc.) che dunque abbisognava di un conforto fisico.

La conversazione si avviò a fatica. Olaf Herse si congedò alla svelta dal conoscente, corse a casa, in camera da letto si mise davanti allo specchio, strinse le guance, si osservò di profilo. Se tendeva i muscoli del ventre non era poi così terribile. Il suo medico aveva parlato di un leggero sovrappeso (accentuando, gli era parso, la parola "leggero"). Quindi, a scanso d'equivoci: nessuno per strada segnava a dito Olaf Herse, non era una situazione... drammatica. Dopotutto una persona su due è grassottella.

Ma chi vuol essere una persona qualunque?

La grande fortuna dei maschi, pensò Olaf Herse accarezzandosi imbambolato la pancia, è sempre stata quella di non vedersi mai costretti a salire su una bilancia. Quando abitava da solo, non la possedeva neppure. Le donne si preoccupavano del proprio corpo. Facevano diete, si tormentavano con esercizi ginnici, e non poche sue compagne di scuola erano diventate anoressiche. In ogni caso amavano osservarsi. E parlavano di ingrassare o dimagrire. Riflettevano sempre sulle osservazioni che si facevano loro. Questo gli uomini non lo facevano. Non in passato, almeno. Oggi purtroppo le cose sono cambiate.

Le fasi riflessive delle donne portavano sempre complicazioni tra i sessi. "Di' un po', sono ingrassata?" si sentiva chiedere Olaf Herse dalle amiche appena queste cominciavano a fidarsi di lui. Nella maggior parte dei casi Olaf Herse non notava nessun cambiamento e diceva: "Macché". Quando invece lo notava, diceva: "Macché".

I nonni di Olaf Herse erano entrambi quel che si dice uomini prestanti. Mangiavano quel che si usava mangiare: cotoletta, polpettone, salsiccia, patate. Era del tutto naturale che avessero la pancia. Non riusciva a immaginarsi che le loro mogli potessero chiedere loro, con tono preoccupato, se fossero ingrassati. Erano amati, senza dubbio. Di certo anche desiderati. Forse proprio perché erano così.

Olaf Herse, ancora intento a lambiccarsi davanti allo specchio, pensò a un'intervista che aveva letto di recente. Un medico dichiarava che gli uomini tendono più spesso al sovrappeso delle donne, e questo nuocerebbe alla loro carriera; una volta che si è in sovrappeso non si raggiungono più i piani alti. Per questo, diceva il medico, bisogna assolutamente fare jogging e mangiare pane integrale.

Quale uomo, a partire da una certa età, non conosce le preoccupazioni che tormentavano Olaf Herse? Oggi gli uomini si preoccupano per la propria corpulenza. E in una certa misura è anche vero che il corpo maschile va esercitato duramente affinché piaccia alle donne, e che ormai è sessualizzato oltre i limiti della ragionevolezza. Ma vi è un'eccezione. Chi è potente non ha bisogno di tirare in dentro la pancia, anzi, può tranquillamente protenderla verso una donna.

Chi è appena all'inizio del proprio percorso di conquista del potere, com'è il caso di Olaf Herse, dovrebbe aver cura di dimagrire in silenzio. Giacché poche cose destano il disprezzo delle donne come i discorsi vanitosi degli uomini intorno al proprio aspetto. Le donne desiderano gli uomini, è vero, e ne fanno anche oggetti sessuali (l'uomo magro, certo) – ma solo dopo che si scoprono desiderate da questi ultimi. Quando cioè lo sguardo maschile si è posato lusinghiero sul loro corpo, incrementando in tal modo la loro autostima. Invece l'uomo che s'interroga, scettico verso il proprio corpo, rovina tutto. Manda all'aria il gioco dell'amore, poiché rende se stesso un oggetto.

Quand'è che un uomo è un uomo? Quando non parla del proprio peso.

Quand'è che un uomo ha successo? Quando rimane snello. Perché solo una figura snella permette, di norma, di unire l'arte della dissimulazione con il fascino erotico (in occasione di conferenze o presentazioni). Solo di rado si trovano uomini ai quali un certo sovrappeso torna utile. Ma qual è l'aspetto di un uomo, appena ha successo? A quel punto non ha più nessuna importanza.

Olaf Herse, sempre più tormentato dai dubbi, cominciò a fare jogging ogni mattina prima di sedersi alla scrivania. Ma non ne parlò con nessuno, il che è senz'altro degno di lode. Giacché tutto ciò che è gravoso va fatto in segreto; solo allora si darà quell'impressione di vera leggiadria che ben si addice a ogni artista della dissimulazione.

31.
Agire per vie traverse

L'agente immobiliare Heinrich Walter salì nell'auto aziendale, un'utilitaria, e partì verso Dettersheim, periferia della città, all'ora meno adatta che si possa immaginare. Il traffico avanzava ogni volta per pochi metri, poi la colonna di macchine si fermava di nuovo davanti a un semaforo. Soprappensiero Heinrich Walter vide bambini che si spintonavano con rabbia davanti a una fermata dell'autobus; un ragazzo obeso piangeva; un'anziana donna con due borse della spesa parlava da sola ad alta voce fissando il cielo coperto di nuvole.

Pian piano imbrunì, e Heinrich Walter accese gli anabbaglianti. Temeva l'appuntamento che lo aspettava. Con ogni probabilità sarebbe andata come sempre; ogni due o tre giorni mostrava a una qualche giovane coppia un appartamento nel complesso edilizio da poco rinnovato. Agli interessati l'appartamento pareva sempre piacere abbastanza, ma la zona, Dettersheim, la trovavano un po' troppo fuori mano. E a Dettersheim non vi era nulla che potesse compensare quel difetto. Se solo il paesaggio fosse stato minimamente suggestivo! Ma no, per descriverlo bastava una parola: piatto. Niente laghi nei paraggi, niente colline, niente mare. Il centro del sobborgo era stato bombardato durante la guerra, presumibilmente per sbaglio, sicché gli unici edifici notevoli erano sì quelli di cui si parla qui, che formavano un complesso non privo d'interesse al margine di un campo (e tra l'altro erano stati realizzati nei primi anni trenta da un collega, morto prematuramente, del celebre architetto Hans Scharoun), ma per chi passava di lì per caso, cieco davanti a tali particolarità storico-architettoniche, la principale attrazione di quel luogo erano le mucche che pascolavano indolenti sulle proprietà dei contadini locali. Questi ultimi osservavano con i loro volti diffidenti, che la monotonia del paesaggio aveva reso insensibili, quegli edifici ormai invecchiati, e scuotevano il capo davanti ai grandi cartelli che ne reclamizzavano gli appartamenti. Forse si chiedevano: "Chi vuoi che ci venga ad abitare qui?".

Già, chi? È quello che si chiedeva anche il signor Walter. Sulla cartina la strada per Dettersheim si trova facilmente, una strada provinciale segnata in giallo oltre il confine della città e poi tac!, in un attimo si è arrivati. Ma solo con l'indice, purtroppo. In verità ci vuole quasi un'ora, nelle ore di punta almeno, soltanto per uscire dalla città; certi giorni anche di più. Se solo avessero realizzato il collegamento della sopraelevata che era stato ventilato tempo addietro, forse il signor Walter avrebbe già venduto gli appartamenti da un pezzo!

Ora bisogna sapere che l'umore fosco di Heinrich Walter originava da fatti veramente spiacevoli avvenuti presso la società immobiliare, ai quali il nostro impiegato ripensava assai malvolentieri. L'incarico di trovare acquirenti per gli appartamenti di Dettersheim, infatti, era stato dato inizialmente al suo nuovo collega Hans Strass, la cui ambizione era alquanto molesta. Non aveva fatto in tempo a ricevere le istruzioni di servizio che subito aveva iniziato a presentarsi un po' troppo spesso nell'ufficio del signor Walter per vantarsi apertamente dell'incarico. Quale onore, dichiarava, potersi occupare di quel gioiello architettonico a Dettersheim! Ne era felice! Gli pareva davvero un privilegio assoluto che il capo avesse pensato proprio a lui, benché fosse arrivato da poco! E lui, il signor Walter, cosa stava facendo di bello? E così via.

Il signor Walter si sentiva scavalcato – come dargli torto? Non era la prima volta che un compito oneroso veniva affidato al signor Strass senza che ci si spendesse una sola parola, come se fosse scontato, per così dire. In preda a profonda irritazione per l'ingiustizia del mondo, il signor Walter entrò nell'ufficio del suo giovane capo, che aveva ereditato dal padre il pregiato mobilio in legno scuro. Il capo sedeva assorto davanti al computer quando il signor Walter cominciò a parlare febbrilmente delle bassezze che gli toccava subire in azienda: erano quasi quarant'anni che ci lavorava, nessun altro lì dentro aveva la sua esperienza!

Il capo alzò gli occhi con fare gentile e disse soltanto: "Sì". E dopo una pausa, rivolto ancora per metà allo schermo: come poteva essergli d'aiuto?

Il signor Walter disse (era la prima volta che sul posto di lavoro assumeva un tale atteggiamento rivendicativo) che voleva essere lui a occuparsi del progetto Dettersheim. Non era accettabile che ogni progetto un po' appassionante, per così dire, fosse affidato al signor Strass. A quelle parole pestò rabbiosamente il piede destro sul parquet, il che a un osservatore esterno sarebbe forse sembrato divertente.

"Ah, così?" disse il capo a quel punto, appoggiandosi all'indietro divertito, o così parve al signor Walter. Quell'incarico comportava molti viaggi disagevoli, spiegò il capo. Per questo aveva pensato al suo collega più giovane. Ma se il signor Walter era animato da tanto ardore nei confronti del progetto Dettersheim, be', non intendeva certo tenere a freno il suo slancio. Tuttavia non poteva promettergli nulla, doveva prima parlarne con il signor Strass... E il signor Strass, con grande sorpresa del signor Walter, si disse disposto, con apparente magnanimità e poche titubanze, a cedere il progetto.

Heinrich Walter si trovava ancora entro il perimetro della città. Ma tra le case cominciavano già ad aprirsi alcuni spazi, aree edificabili inutilizzate. Heinrich Walter attraversò zone poco popolate, che prima di allora non conosceva neppure di nome. Di tanto in tanto si udiva il latrato di un cane. Finalmente il traffico si dissolse, su un lato della strada apparve un distributore di benzina; la sua luce irreale brillava nel quartiere dominato da numerosi magazzini industriali ormai chiusi. Davvero una volta entravano e uscivano da quegli edifici operai dalle mani imbrattate d'olio? Alcuni fabbricati erano illuminati, come a voler porre in risalto la loro disonorevole decadenza, e il signor Walter scorse vetri rotti alle finestre; l'orribile graffito murale sul laterizio sporco pareva una piaga.

Eccola, finalmente, la diramazione per la strada provinciale. Ora non mancava più molto. Heinrich Walter ingranò la quarta.

Com'era stanco! Deficit di sonno, certo. Ma anche la stanchezza per i troppi pensieri che lo tormentavano da alcune settimane. Tormento – sì, era la parola giusta, come se da un giorno all'altro fossero entrati in casa topi o insetti nocivi. Si erano piazzati in casa sua e sembravano fermamente decisi a rimanerci. Lo volevano allontanare. Era a questo che pensava di continuo. Gli sguardi del suo capo da quando il progetto Dettersheim aveva cominciato ad arrancare: tra il maldisposto e l'ostile. Di grazia, gli aveva detto, che si facesse venire in mente qualcosa!

Il signor Walter aveva partecipato ancora da giovanissimo ai successi iniziali della società immobiliare, un pezzo di storia edilizia del suo paese. In quell'epoca vi erano ancora fori d'arma da fuoco sulle pareti delle case, chiese nelle quali pioveva attraverso i tetti e, in alcune abitazioni, stufe a carbone, proprio come nell'Est. Ma si costruirono nuovi edifici e si risanarono i vecchi, così da rendere invisibile ciò che era stato.

Che cosa penserebbe oggi di lui sua moglie, morta prematuramente dopo un male improvviso? Il signor Walter ricordava di aver tenuto la mano intrecciata a quella di lei finché si era del tutto raffreddata, e gli altri congiunti, dapprima incerti sul da farsi poiché non si decideva ad allontanarsi da lei, lo avevano infine convinto, con timide allusioni, ad alzarsi affinché il medico potesse constatare ciò che ormai era fin troppo chiaro.

Heinrich Walter odiava spostarsi in macchina. Ogni volta lo assalivano i ricordi. Prima o poi tutti quei pensieri lo avrebbero fatto impazzire. Pensò ad Anja, sua figlia. Anche lei non aveva vita facile. Prima il licenziamento dall'istituto di ricerche di mercato, adesso la rottura con il ragazzo.

L'aveva chiamato due giorni prima dal cellulare. Una conversazione breve, come la maggior parte delle volte. La linea era continuamente disturbata da brevi interruzioni del collegamento. Da quando c'erano quei cellulari, pensava spesso il signor Walter, si era ritornati alla preistoria delle telecomunicazioni.

Anja aveva abbandonato l'appartamento in comune e aveva sostenuto un colloquio presso un'azienda che produceva magliette. Non era andata troppo bene.

Al signor Walter sarebbe piaciuto dirle qualcosa di consolante, ma si era limitato a chiederle: "Hai bisogno di soldi?".

Aveva fatto in tempo a sentirla sbuffare. Poi lei aveva interrotto la conversazione. O forse, pensò il signor Walter, era soltanto il collegamento che era saltato del tutto.

Sulla carreggiata, frecce che indicavano a destra e a sinistra per poi sparire subito sotto la macchina. Una nebbia terribile. Da un momento all'altro sarebbe potuta apparire la corsia d'uscita.

All'improvviso vi fu un bagliore. E quando udì il lungo suono di un clacson, Heinrich Walter fu attraversato da un pensiero chiaro e stranamente tranquillo: cosa avrà mai perduto, quel tir, in questo posto dimenticato da Dio?

Qui ci interrompiamo. Del resto ci siamo comunque un po' allontanati dalla morale di questa storia. Per poco, infatti, non scordavamo di elogiare l'eccellente strategia del signor Strass! È davvero esemplare il modo in cui, con l'ausilio di un trucco notevole, ha avuto la meglio sul signor Walter. Il signor Strass ha agito per vie traverse, prendendo saggiamente in considerazione, nel suo piano, un terzo elemento. Ha cioè intuito, molto giustamente, che gli sarebbe bastato punzecchiare a dovere il signor Walter affinché quest'ultimo si lamentasse presso il capo, reclamando per sé il poco desiderabile progetto Dettersheim. Ora, si potrebbe speculare sul fatto che il capo fosse o meno al corrente di questa impresa volta chiaramente a umiliare il signor Walter... Ebbene sì, lo era. L'intento era di indurre il signor Walter, con un po' di pressione, a un felice prepensionamento. Si consideri altresì, poiché forse il lettore ha preso a cuore con troppa empatia la sorte del signor Walter, che il signor Strass, almeno in rapporto ai nuovi tempi in cui viviamo, non è affatto una persona sgradevole. Quando stacca dal lavoro è impegnato come volontario in un orfanotrofio, e questo si spiega anche con il fatto che lui stesso, per motivi ignoti, esattamente trentun anni fa è stato affidato alla custodia dello stato.

PS. Pochi giorni dopo, su uno dei più prestigiosi quotidiani nazionali apparve un necrologio: "La società immobiliare *** rende noto con profondo cordoglio che il signor Heinrich Walter, per molti anni collaboratore dell'azienda, è scomparso mercoledì scorso all'età di sessantadue anni. Con Heinrich Walter perdiamo un collaboratore sempre disponibile e gentile, stimato da tutti i colleghi non soltanto per la competenza tecnica, ma anche per la condotta sempre amichevole. Onoreremo sempre la sua memoria".

32.
Guardare con amore

Come recitiamo in continuazione, come dobbiamo recitare per esprimere desideri, pensieri e brame, come in continuazione dissimuliamo! Per riguardo verso gli altri, affinché in futuro non ci danneggino, e per guadagnare vantaggi sui concorrenti. Per farlo abbiamo bisogno del corpo, del linguaggio. Strumenti fragili, che mostrano come in noi, dacché siamo al mondo, vi sia una crepa; che siamo scissi tra un'interiorità spirituale e un'esteriorità corporea; che vogliamo essere autentici e, nel migliore dei casi, sembrare tali. Non siamo mai veramente noi stessi; la creazione, fin dal giorno in cui scontiamo il peccato originale, è puro teatro del mondo. Vi è l'istante dell'amore, certo, l'ingannevole amore, che ci fa credere di incrociare uno sguardo sincero; il tocco di una mano che ci desidera, un dono che non pretende di essere ricambiato. Ma persino lo sguardo più innamorato alberga in sé la dissimulazione, che non smascheriamo mai, e la caparbietà. È questo suo perenne sfuggirci, da che mondo è mondo, a rendere l'amore così bello – e così triste. E il fatto di poter immaginare un'armonia tra spirito e corpo fa di noi quegli animali che sperano invano, gli eterni imperfetti.

Persino lo shock più tremendo che ci possa capitare, quello che per un momento nullifica la nostra dissimulazione, è occultato con grande solerzia, con uno sforzo d'autocontrollo; persino l'orrida morte è superata socialmente con formalità e riti che, al più tardi nell'ora del pranzo funebre, hanno già ridestato la nostra vanità.

Abbiamo ancora un vago ricordo dell'epoca in cui ci si poteva sistemare discretamente. Come per una legge di natura, il figlio del macellaio diventava un macellaio, la figlia di una professoressa insegnante anche lei. A trent'anni si metteva al mondo il secondo figlio. A quaranta si era pronti ad affrontare l'ultima fase della vita. Le possibilità di pianificare l'esistenza erano limitate. Tutto ciò ha mantenuto in letargo l'arte della dissimulazione. Forse la vita quotidiana era noiosa, ma non è sempre stato questo il prezzo della tranquillità?

Il mondo che è andato sbocciando, con i suoi intensi scambi di beni, la vibrante mobilità che ha mandato in soffitta i progetti di vita stabili, il persistente saliscendi sociale, la famigerata chiusura delle fabbriche per riaprirle altrove, il libero professionismo, la coincidenza di vita professionale ed esistenza privata, la paura di perdere il lavoro, il continuo andirivieni dei pendolari e persino il vagabondare degli animi più stanziali, tutto ciò ha richiamato in vita l'arte della dissimulazione.

Sono i mutati presupposti della competizione, assai più aspra di un tempo, ad aver ridato lustro all'armamentario dell'antico cortigiano, che sapeva dominare le proprie passioni. Poiché infatti le origini sociali non costituiscono più una garanzia, il successo è di chi ha i riflessi pronti, di chi è indipendente dai luoghi e adattabile, di chi mantiene il controllo di sé senza farsi turbare dalle difficoltà e sa resistere al caso, che sempre dissemina la strada di ostacoli. L'uomo odierno ha in comune con il cortigiano il fatto di aver sviluppato una forte coscienza del proprio ruolo. Ogni show televisivo, sia esso un dibattito politico o un concorso di bellezza per giovanissime, chiama in causa più di ogni altra cosa l'autorappresentazione, il mascheramento, l'impiego strategico del corpo. E così avviene anche negli uffici. Lì, dove vigono le gerarchie orizzontali, astuzia e malvagità sono necessarie per inserirsi nel moto continuo degli impenetrabili rapporti di potere.

Così abbiamo narrato le storie di tutti coloro che cercano abilmente di affermarsi sul lavoro e in amore: abbiamo conosciuto il libero architetto, il direttore editoriale e la sua segretaria (la cara signora Sentmüller); ma non dimentichiamo la capa dell'istituto di ricerca di mercato e il perfetto seduttore; e abbiamo chiamato in scena anche un agente immobiliare, nonché un viticoltore tarchiato al punto giusto. E così vari altri che hanno saputo farsi strada, a volte bene e a volte meno, in un ambiente sempre ostile, come l'impaginatrice e il suo ex-ragazzo, il giovane autore di successo. E forse vi saranno lettori che sapranno cogliere le estreme e più sottili ramificazioni dei rapporti tra queste persone.

Alt. Non è ancora il momento di concludere. Narreremo un'ultima storia, affinché non si creda che la nostra poesia risolva l'argomento:

Cos'è la vita? Un campo minato.

Cos'è la dissimulazione? La condizione della nostra ascesa.

Cos'è l'amore? Il più bello tra tutti gli inganni.

33.
Sedurre

Certo, questo lavoro da aiutante non è proprio il massimo. Non comunque per un architetto fatto e finito. Stephan Karst sgombera i tavoli da due tazze di caffè, li pulisce con un panno e si dirige verso il bancone reggendo le stoviglie con una certa abilità. Poi le lava, non senza vigore. La musica è sfumata, deve forse far partire per l'ennesima volta le canzoni francesi che gli avventori non si stancano di ascoltare? Stephan ne ha le scatole piene di quella voce roca, ah, che sarà mai.

Quanto al lavoro – be', l'importante è che da qualche giorno entrino di nuovo un po' di soldi, ne aveva abbastanza di starsene tutto il giorno a letto immerso nei pensieri più cupi. A un certo punto era sorto in lui, timidamente, un briciolo di voglia di vivere. Si era alzato, in bagno aveva guardato nello specchio il proprio volto barbuto e aveva notato che la malinconia, se non altro, lo aveva reso piuttosto snello. Ma quando si era guardato intorno si era quasi spaventato. L'intero appartamento era disseminato di orribili gomitoli di polvere; calici da vino, bottiglie di birra e dvd giacevano sparsi qua e là sul pavimento, il riscaldamento in cucina marciava da giorni inutilmente a pieni giri, la segreteria telefonica lampeggiava irrequieta, inascoltata ormai da parecchio tempo; ma probabilmente l'unica ad aver lasciato un messaggio era stata sua madre. Sarebbe anche ora di pulire le finestre, aveva pensato Stephan arrivato in cucina. Due pizze avevano cominciato ad ammuffire, c'era uno sgradevole odore dolciastro, attorno alla spazzatura svolazzavano grosse mosche.

Difficile dire che cosa alla fine lo abbia portato a mettere fine a quel caos totale. Forse proprio il superamento di un certo limite di degrado, oltre il quale vi è, per così dire, uno scatto automatico della resistenza.

Di fronte al mancato prolungamento del suo contratto presso uno studio d'architettura, Stephan Karst aveva abbandonato l'ufficio furioso ed era rimasto a letto per molti giorni, come intontito, ora sognando tempi migliori ormai passati, ora esponendosi alla tremenda vergogna che provava nei confronti dei genitori. Sua madre era sempre stata la forza trainante della sua vita: lo aveva spronato, benché fossero di umili origini, a diplomarsi e fare l'università, lo aveva indotto a suon di minacce a impegnarsi di più. Certo, un po' le era debitore. Che la sua carriera per il momento fosse così ignominiosamente fallita, gli pareva assai difficile da accettare.

Sgomberato il grosso dei rifiuti dall'appartamento, Stephan Karst era uscito di casa per la prima volta dopo molti giorni. Un tempo da cani, pioggia, si era abbottonato in fretta il cappotto e si era messo a vagare senza meta per il quartiere. Si era fermato a comprare un croissant imbottito con un würstel e ricoperto di formaggio fuso e quasi non aveva notato, soprappensiero com'era, il piccolo cartello che campeggiava sulla porta di un caffè. "Cercasi aiutante." Aveva sbirciato oltre la vetrata e aveva visto molte donne tra i trenta e i quaranta che conversavano animatamente, e tra esse alcune mamme. In certo qual modo gli piaceva. Che dovesse mettere da parte per un po' le faccende d'architettura, aspettare per candidarsi a nuovi posti? Si era immaginato di trovarsi nel caffè e servire gentilmente le signore, che forse, chissà, aspettavano soltanto di poter dare una svolta improvvisa alla loro vita. L'idea gli era piaciuta.

Pochi minuti dopo era già seduto di fronte al proprietario del locale, un uomo con la barba di tre giorni, poco più giovane di lui, il quale aveva aperto quel caffè dopo l'esito infelice degli studi – il che a Stephan piacque – e pareva di ottimo umore. Un compagno di sventura, in un certo senso. Stephan poté iniziare subito, e per festeggiare l'entrata in servizio bevve una birra con il suo nuovo capo.

Così Stephan si ritrovò dietro il bancone, e non disse nulla ai suoi genitori. Solo il fine settimana seguente sarebbe stato un po' delicato, perché lui era di turno e sua madre aveva annunciato che sarebbe venuta in città per discutere una controversia di lavoro presso un certo studio legale (a quanto pareva, il prepensionamento del padre di Stephan era stato il frutto di una costrizione).

Le mani nel lavello, Stephan stava pensando all'avvocato dei genitori quando vide *lei*. Sedeva da sola al tavolo vicino alla finestra. Aveva capelli corti e neri, e un volto che non gli era nuovo, quasi si trattasse di un'attrice che Stephan aveva visto una volta in un vecchio film; quegli occhi grandi, il volto... come descriverlo? Forse la parola più adatta era "classico", e in ogni caso aveva tratti regolari.

Mettersi a lavorare in questo caffè non è stata affatto un'idea sbagliata, pensò Stephan; quell'attività lo immergeva in tutt'altri pensieri. E non dava forse un'impressione di assoluta disinvoltura? Era così libero! Altri inseguivano la propria carriera, e con essa l'omologazione. Non Stephan Karst. Altri si ammazzavano di fatica finché non li coglieva un infarto. Non Stephan Karst. Tutti erano dei borghesucci. Lui no. Mentre altri si anchilosavano la vertebra cervicale davanti ai loro computer portatili, a lui le donne rivolgevano occhiate languide. Sorrise, rapito in quei pensieri.

Quella donna. Su di lei l'occhio di Stephan Karst poté trovare un po' di requie. Non ricordava di averla vista entrare nel caffè. Come al rallentatore, o così parve a lui, la donna si voltò a guardarlo, molto a lungo, come se si conoscessero da sempre. È incredibile come basti un lievissimo mutamento nei tratti del volto, pensò Stephan confuso, per passare dalla più assoluta serietà a un sorriso. Stava davvero sorridendo. Gli venne in mente una parola d'altri tempi: leggiadria. La donna si alzò, erano solo pochi passi, a lui parve che danzasse; si piegò oltre il bancone, tacque per un momento e poi, con voce indescrivibilmente lasciva, chiese: "Non si può fumare, qui?".

In effetti, formalmente non si poteva. Il capo di Stephan, in accordo con la legge, lo aveva severamente vietato. Ma in questo caso! Nel giro di un attimo Stephan trovò nel cassetto più basso i portacenere che erano stati rimossi, gliene allungò uno e, sforzandosi a sua volta di apparire lascivo, le disse: "Solo perché sei tu!".

Non vogliamo dilungarci sulle notevoli difficoltà che questa leggerezza procurò a Stephan Karst. Non solo il suo capo, Timo, passò di lì fuori orario e, vedendo la donna che fumava vicino alla finestra, si comportò, be', ecco, diciamo: rumorosamente. Anche altri avventori, soprattutto le mamme (in stato di massimo allarme per via dei loro piccoli), si erano dirette al bancone sollevando grandi proteste.

La sola cosa che ci interessa è il breve sms che la donna, tornata al suo posto con il portacenere e la sigaretta accesa, scrisse a una cara amica. Conteneva parole spietate: "Sto fumando nel caffè delle mamme. Ho vinto la scommessa".

INDICE